KB064763

스포츠 클라이밍
실전 교과서

저는 1996년에 클라이밍 기술서 『실내 클라이밍(インドアクライミング)』을 저술했습니다. 아직 클라이밍 짐의 수도 적었고 클라이밍 테크닉도 체계화되어 있지 않았던 가운데, 처음으로 무브의 핵심 및 수행 방법 등을 설명한 책이었습니다. 지금은 관용화되어 있는 하이스텝이나 인사이드 플래깅 같은 용어도 그 책에서 처음으로 사용한 것입니다.

그리고 지난 집필 이후 25년이라는 시간 동안 저는 루트 세터로서 많은 대회의 루트들을 만들고, 클라이밍 코치로서 전문 선수들을 포함한 클라이머들에게 클라이밍 기술들을 설명해 왔습니다. 저에게 그 시간들은 무브와 테크닉을 어떻게 해야 알기 쉽게 설명할 수 있을지를 항상 생각했던 나날들이기도 했습니다.

이 책은 지금까지 코칭을 하며 전달했던 설명을 체계화해서 편집한 것입니다. 기본적으로는 클라이밍 테크닉의 요점을 설명하지만 기술적인 구성 요소도 함께 설명하여 독자 분들이 클라이밍 기술에 대한 이해를 높이면서 그것을 응용해 나갈 수 있도록 기획했습니다. 될 수 있는 한 유용한 기술을 알기 쉽게 설명하고자 했고 가능한 한 학술적인 전문 용어도 배제했습니다.

다만 명칭이 붙여지지 않은 기술들은 그것을 실행하거나 재인식하는 데에 어려움이 있습니다. 예를 들면 '티슈풀'이나 '키네틱 체인'(운동 연쇄) 같은 개념들도 그 명칭이 있기에 인식하고 실천하기 쉬워집니다. 그렇기 때문에 기술적인 개념으로서 새롭게 소개한 사항들도 있습니다.

이 책에서는 독자 분들의 이해를 높이기 위해 사진이 아니라 일러스트를 사용했습니다. 이는 힘이 들어가는 방향을 나타내기 쉬웠으며, 불특정 인물로 표현함으로써 독자 분들이 자신에게 대입해서 생각할 수 있는 여지를 남겨놓기 위한 목적도 있었습니다. 이렇게 상당히 세밀한 일러스트를 담당해 주신 분은 바로 에자키 미키오(江崎幹夫) 씨입니다. 에자키 씨는 클라이머이기도 하며, 제가 의도한 기술 설명을 탁월한 기법을 사용해서 표현해 주셨습니다. 독자 분들께서 이 책이 이해하기 쉬운 내용으로 되어 있다고 여기신다면, 그것은 대부분 에자키 씨의 공적이라고 할 수 있습니다.

집필 준비 단계에서 책을 쓰기까지는 반년 정도가 걸렸으며, 1,000시간 정도를 할애했던 것 같습니다. 한때는 집필이 정체되었던 시기도 있었습니다. 그때 경영 컨설턴트를 맡고 계셨던 가스야 나미(粕谷菜美) 씨가 "일 때문에 종종 밤을 새는 일이 있으면서도 클라이밍 짐에 가는 것은 빼먹을 수 없다"라고 말을 해 주었는데, 이에 큰 자극과 동기부여를 받기도 했습니다. 그 뒤 가스야 씨에게 책 내용과 관련된 조언을 받으면서 책을 써 나갔습니다. 가스야 씨의 소중한 조언에 다시 한번 큰 감사를 드립니다.

책을 집필하는 데에 있어서, 내용을 이해하기 쉽게 전달하기 위해 출판사에 그림풀이와 올 컬러를 특히 고집했습니다. 하여 일본어 원서는 이 의도를 이해해 주신 '산과 계곡사(山と溪谷社)'에서 발간하게 되었습니다. 특히 클라이밍 분야에서 저의 선배이신 기타야마 마코토(北山真) 씨와 클라이밍 전반에 깊은 조예를 갖고 계신 하기와라 히로시(萩原浩司) 씨에게도 온 힘을 다해 도와주신 점에 대해 깊은 감사의 뜻을 전합니다. 그리고 두 분의 옛 동료이자 저의 아내인 미와코(見和子) 역시 집필 기간 중 저를 든든하게 서포트해 준 고마운 존재입니다.

이 책은 클라이밍 기술서이기 때문에 소설이나 문예 작품처럼 책을 읽는 것 자체에 흥미가 있는 분야와 달리, 클라이밍에 대한 취급 설명서 느낌이 강합니다. 독자 분들이 이 책을 읽는 것에서 그치지 않고, 책을 바탕으로 해서 클라이밍 실력이 향상되기를 바랍니다. 앞으로 여러분의 클라이밍 인생이 보다 알찬 결실을 맺을 수 있기를 응원하겠습니다.

저는 일본 볼더짐 투어에서 이 책을 처음 만났습니다. 비록 일본어는 잘 몰랐지만 책 속의 깔끔한 일러스트가 명료하게 기술 동작을 설명하고 있었고 도표와 그래프 등이 상세하게 잘 나와 있어 훑어보는데도 꽤 괜찮은 책이라는 생각이 들었었습니다.

이때를 계기로 혼자서 조금씩 부분 번역을 하며 읽었습니다. 필요한 내용은 노트에 필기를 하며 읽었는데, 점점 이 책의 매력에 푹 빠졌습니다. 그립을 홀딩이라고 정의하거나 몸의 중심으로 이해하는 힐 훅의 원리와 역할, 물리 법칙에 따른 기술 분류 체계 등 본인의 생각과 맥락을 같이하는 내용들이 많아 클라이머로서 이 책이 우리나라에 소개되었으면 하는 바람이 커졌습니다. 그러던 어느 날, 감사하게도 혜지원에서 이 책의 감수를 제안받았고 저는 고민 없이 수락했습니다.

일러스트가 많은 책임에도 불구하고 감수 과정은 쉽지 않았습니다. 스포츠와 관련된 일본 기술서가 한국에 소개될 때 이해하기 힘든 직역으로 출판되는 경우를 종종 보았기에 더욱 신중히 감수했습니다. 특히 다리와 발, 허리와 고관절 등 같은 단어로 표현하는 내용은 그 단어 하나를 적합한 한국어로 적기 위해 원서의 해당 내용 전체를 영어로 다시 번역하거나 많은 관련 자료를 찾아보았습니다. 또한 대부분의 내용이 물리학에 기반한 클라이밍 기술서이기에 물리학자와 운동 전문가들의 조언을 구했으며, 내용이 한국의 일반 독자들에게 잘 이해되는지 확인하기 위해 매드짐의 스태프들과 스터디를 하며 내용을 다시 검토하는 등 더 좋은 책을 내보내기 위해 노력했습니다.

이 책의 특징은 쉬운 내용부터 깊이 있는 원리까지 일러스트와 글을 통해 전달하고 있다는 점입니다. 일러스트 중심으로 보면 쉽지만 텍스트까지 이해하려 하면 꽤 어려운 책일 수 있습니다. 그래서 책을 읽을 때 읽는 분의 상황에 따라 몇 가지 방법을 제안드리고 싶습니다.

처음 시작하는 클라이머는 일러스트와 도해를 보며 '이런 동작이 이렇게 쓰이는구나' 정도로 가볍게 살펴보는 것을 권합니다. 한편 슬럼프에 빠진 클라이머라면 자기에게 부족한 것이 무엇인지 생각하며 필요한 부분을 찾아 읽어서, 깊이 고민하며 답을 찾는 과정을 만들어 보면 좋을 것입니다. 현장에서 지도하는 코치에게는 클라이밍에 관한 지식을 구조화하고 교수법을 만들어 내는 것에 도움을 줄 수 있는 교과서라 생각합니다. 따라서 전체적인 내용을 모두 정독하고 이해가 부족한 부분은 몇 번이고 거듭해 읽어 보기를 권합니다. 마지막으로 전문 교육기관과 대학교, 중고등학교에서 스포츠클라이밍 전문 교재로 채택하기에도 매우 적합한 책이기 때문에 교육기관의 교수자라면 이 책을 활용해 보다 나은 수업을 진행할 수도 있을 것이라 생각합니다.

책의 내용은 현장에서 적용을 할 때 가치가 있는 것이라 생각합니다. 내용을 이해한다고 기술로 바로 적용할 수 있는 것은 아닙니다. 그러니 현장에서 일하는 코치와 학교 또는 선수를 지도하는 지도자들이 이 내용들을 어떻게 구현할 수 있는지 많은 고민을 하기를 바라며, 고민과 토론을 통해 한국의 스포츠클라이밍이 더 발전한 교육 내용과 교육 콘텐츠를 만들어 낼 수 있기를 희망합니다.

끝으로, 생소할 수 있는 스포츠클라이밍 분야의 책을 출판해 주신 혜지원 출판사와 혜지원 편집장님께 진심으로 깊은 감사의 말씀을 전합니다.

매드짐클라이밍센터 대표 김인경

목차

Chapter 1

클라이밍의 기초

Chapter 2

클라이밍의 기본

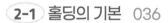

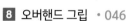

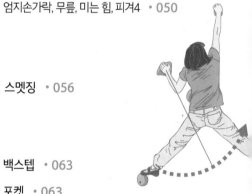

Chapter 3

무브

Chapter **4**

클라이밍 테크닉

이 책을 보는 방법

 이 책은 클라이밍 실력 향상을 목표로 하는 클라이머를 위한 기술 해설을 목적으로 하고 있습니다. 초급자들에게는 클라이밍 실력 향상을 위한 길을 제시하고 있으며, 중급자들에게는 현재 한계에 직면한 기술적 문제 해결에 도움이 될 것입니다. 또한 상급자들에게는 본인들이 가지고 있는 기술 요소들을 확인하면서 어떻게 하면 보다 클라이밍을 잘 할 수 있는지를 알아보는 데에 도움이 될 것입니다.

 책의 내용은 무브의 해설을 중심으로, 무브의 사용 방법과 무브의 요령부터 응용 방법까지 범위를 넓혀 가며 설명하고 있습니다.

 또 무브의 구성 요소와 올바른 무브를 취해야 하는 합리적인 이유를 물리 법칙과 운동생리학적 요소를 이용해서 설명하고 있습니다. **이러한 내용들은 무브에 대한 이해를 더욱 높임과 함께, 앞으로의 클라이밍 실력 향상을 위해서 더욱 더 중요하게 생각하고 명심해야 할 요소들을 이해하는 데에 도움이 될 것입니다.**

 이 책은 무브나 테크닉 사전 같은 느낌으로 만들었으니 페이지를 따라 처음부터 읽으셔도 좋지만, 필요한 부분만을 찾아서 읽으셔도 좋습니다.

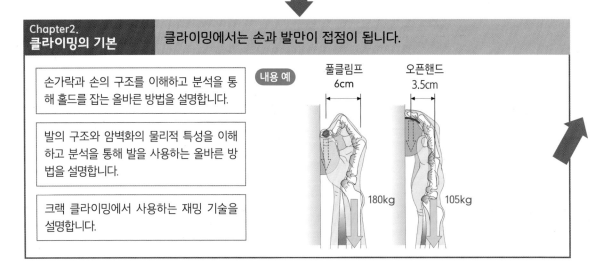

Chapter1.
클라이밍의 기초 클라이밍의 특징과 개요를 알아봅니다.

클라이밍이라는 스포츠의 독특한 운동 요소를 설명하고 실력 향상을 향한 길을 제시합니다.

효율적인 클라이밍 움직임을 알기 위해, 무브의 구성 요소를 물리적 요소를 이용해서 설명합니다.

내용 예 물리 법칙에 적합한 무브가 가장 효율적인 움직임입니다.

힘점
작용점
받침점

지레의 원리와 무브의 구성 요소

힘점
작용점
받침점

원리를 이해한 다음에 세부적인 기술을 익히는 것이 중요합니다.

Chapter2.
클라이밍의 기본 클라이밍에서는 손과 발만이 접점이 됩니다.

손가락과 손의 구조를 이해하고 분석을 통해 홀드를 잡는 올바른 방법을 설명합니다.

발의 구조와 암벽화의 물리적 특성을 이해하고 분석을 통해 발을 사용하는 올바른 방법을 설명합니다.

크랙 클라이밍에서 사용하는 재밍 기술을 설명합니다.

내용 예

풀클림프
6cm
180kg

오픈핸드
3.5cm
105kg

손·발의 사용 방법을 이해했다면 무브 마스터를 목표로 합니다.

Chapter3. 무브

클라이밍에서 사용하는 모든 무브를 알아봅니다.

무브의 계통을 크게 5개로 나누어서 모든 무브의 구성 요소와 기술적 요소를 상세하게 설명합니다.

- 카운터 밸런스 계통
- 훅 계통
- 올라타기 계통
- 오퍼지션 계통
- 동적 무브 계통

클라이밍의 손과 발의 동작 순서를 4개로 분류해서 기술적인 설명을 합니다.

- 좌우 교대
- 보내기
- 바꿔 잡기
- 크로스

내용 예

레이백

시퀀스(무브의 구성)

양손으로 세로형 홀드를 당기고 양발로 밀면서 벽을 따라 오르는 자세로, 손발을 교대로 옮기면서 올라갑니다.

발을 높은 위치에 올리면 무게 중심이 발을 딛는 지점과 멀어지기 때문에 밸런스를 잡기 쉬워진다.

중심

한 손은 엄지손가락을 밑으로 향하게 하고, 다른 손은 위로 향하게 해서 올라간다. 엄지손가락을 사용해 홀드를 핀치 그립 형태로 잡으면 몸의 회전을 멈출 수 있는 요소가 된다.

발은 한쪽은 인사이드, 다른 쪽은 아웃사이드로 밟는다. 발을 번갈아 보내는 방법과 크로스를 하면서 이동 거리를 크게 하는 방법이 있다.

무브에 연속성을 가지게 해서 보다 매끄러운 움직임을 추구합니다.

Chapter4. 클라이밍 기술

무브의 완성도를 올리고 완벽한 클라이밍을 목표로 합니다.

각 무브의 상세한 설명을 이해한 다음, 무브의 완성도를 높이기 위한 핵심 내용과 연속 동작 그리고 수행 방법을 설명합니다.

벽의 경사에 따라 사용하는 테크닉을 설명해서 무브의 응용력을 높이고, 루트에 대한 대응 방법을 설명합니다.

내용 예

키네틱 체인과 트위스팅을 합친 기술

트위스팅을 키네틱 체인의 움직임을 이용해서 수행하면 무브를 할 때 가장 강하게 끌어당기는 힘을 얻을 수 있습니다.

허리를 비틀면서 양손을 당깁니다. 몸이 왼쪽으로 회전하기 때문에 몸의 측면이 벽으로 붙을 수 있도록 합니다.

이 책의 기술적 설명 방법과
이 책에서 무브에 대한 설명을 할 때 사용하는 용어에 대해

이 책은 클라이밍의 무브를 설명하는 것을 목표로 하고 있습니다. 그렇기 때문에 클라이밍의 움직임에 적합한 용어를 사용해서 무브를 설명하고자 했습니다. 아래는 설명을 할 때 사용하는 용어입니다.

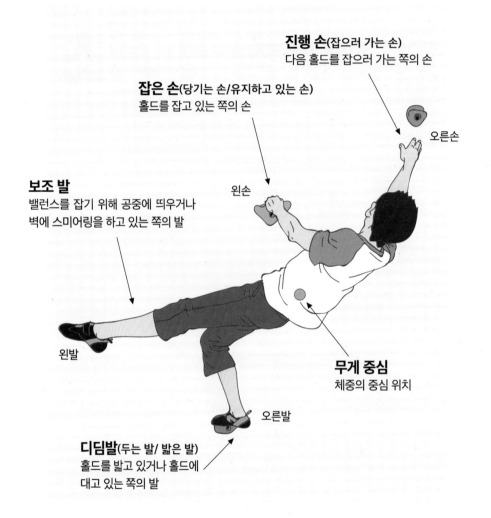

진행 손(잡으러 가는 손)
다음 홀드를 잡으러 가는 쪽의 손

오른손

잡은 손(당기는 손/유지하고 있는 손)
홀드를 잡고 있는 쪽의 손

왼손

보조 발
밸런스를 잡기 위해 공중에 띄우거나
벽에 스미어링을 하고 있는 쪽의 발

왼발

무게 중심
체중의 중심 위치

오른발

디딤발(두는 발/ 밟은 발)
홀드를 밟고 있거나 홀드에
대고 있는 쪽의 발

시작 자세: 동작을 시작하기 위한 몸의 포지션

대각(diagonal): 손과 발의 홀드를 대각으로 유지해 몸의 균형을 잡고 있는 상태

평행(parallel): 손과 발의 홀드를 평행(같은 쪽)으로 유지해 몸의 균형을 잡고 있는 상태

※ 이 책은 4개의 챕터로 구성되어 있으며, 각각의 챕터에는 자세히 분류된 무브와 그 무브를 적용하는 방법에 대한 설명이 있습니다. 이 설명들은 순서대로 읽어도, 사전을 보듯이 원하는 항목만을 봐도 도움이 됩니다.

※ 훅킹 기술은 발을 두는 방법으로 챕터 2에서, 무브 관련해서는 챕터 3에서 총 두 번으로 나누어서 설명하고 있습니다.

※ 계산식의 수치는 무게가 실리는 하중이나 필요한 힘을 설명하기 위해 도식적으로 산출한 것입니다.

※ 손에 가해지는 부담을 계산식으로 산출한 곳이 있는데 수식을 이해할 필요는 없습니다. 도출된 답의 수치만 참고하시길 바랍니다.

※ 명칭에 대한 설명을 책 전반에 걸쳐 해 두었으므로 이해하기 어려운 명칭은 책 뒷부분의 색인에서 페이지를 찾아 알아볼 수 있습니다.

클라이밍의 기초

1 클라이밍의 실력 향상

2 클라이밍 테크닉이란?

3 물리적 요소와 무브의 관계

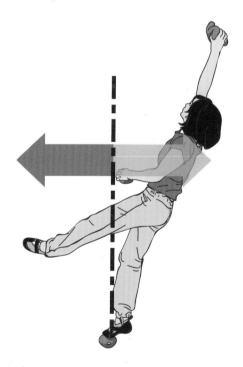

클라이밍은 좀 더 어려운 루트에 도전해 나가면서 즐거움을 느끼는 스포츠입니다. 그렇기 때문에 클라이머는 항상 어려운 루트를 시도합니다. 바꿔 말하자면, 실력 향상을 위한 노력은 클라이머에게 숙명일지도 모릅니다. 이 챕터에서는 클라이밍이라는 스포츠를 분석해 실력을 향상시킬 수 있는 요소와 시스템을 설명합니다. 또한 클라이밍에서의 합리적인 움직임을 위한 구성 요소를 물리 법칙에 적용해서 설명합니다.

chapter 1-1 클라이밍의 실력 향상

Ⅰ 난이도를 결정하는 네 가지 요소

클라이밍의 핵심은 무브로 귀결된다.

클라이밍이라는 스포츠의 가장 큰 특징은 **움직이지 않는 대상에 몸을 맞추어 간다는 것**입니다. 클라이밍 월에 설치된 크고 작은 다양한 홀드나 자연에 있는 바위의 요철은 고정되어 있어서 움직이지 않습니다. 따라서 **자신의 몸을 홀드에 잘 맞추어 가면서 자기 스스로 움직여 올라갑니다.**

그에 반해 다른 수많은 스포츠, 특히 축구나 테니스와 같은 대인 경기 스타일의 스포츠에서는 자신에게 유리한 상황으로 상대방을 움직이게 하는 것이 가능합니다.

축구에서는 상대편이 없는 공간에 패스를 하거나 페인트(속이는 동작)를 써서 상대의 수비를 벗어날 수도 있고, 무엇보다도 포워드나 백처럼 잘하는 포지션을 선택할 수도 있습니다. 또 테니스에서는 서브를 이용해 상대방의 무게 중심을 무너뜨린 다음, 상대방이 어려워하는 코스에 스매시를 때려 넣을 수도 있습니다.

체조나 피겨 스케이팅도 난이도의 차이가 있기는 하지만 자신이 잘하는 기술을 선보여서 점수를 올릴 수도 있습니다.

요소를 자신에게 유리한 상황으로
만들 수 있는 축구

고정된 홀드에
몸을 맞추는 클라이밍

루트의 난이도를 결정하는 것은 이 요소들입니다.

클라이밍 루트의 난이도를 결정하는 4개의 요소

쉬운 컨트롤 ↕ 어려운 컨트롤	홀드 컨트롤의 어려움	홀드 간의 거리	가까운 거리 ↕ 먼 거리
쉬운 밸런스 ↕ 어려운 밸런스	홀드의 배치	벽의 경사	완만한 경사 ↕ 가파른 경사

14

자신이 가지고 있지 않은 능력이 추락의 원인

클라이밍은 자연의 루트도, 인공적인 클라이밍 월의 루트도 모두 홀드가 고정되어 있기 때문에 자신의 몸을 홀드에 맞춰야 합니다. 따라서 루트를 등반할 때 떨어지는 것은 자신의 부족한 능력 때문입니다.

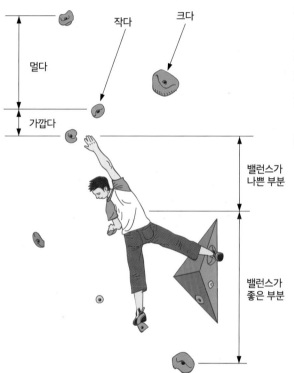

예를 들면 등반하는 루트에서 자신 없는 크림프나 슬로퍼 홀드가 나오면 그곳에서 추락하거나 많은 힘을 소모하게 됩니다. 경사가 가파른 루트에서는 끌어당기는 힘 또는 몸의 자세를 유지하는 복근이나 등 근육이 없으면 자세를 유지하기 힘듭니다. 어려운 기술 동작이 명확한 루트에서는 클라이밍 기술이 중요한 요소가 되고, 긴 루트에서는 지구력이 필요합니다. 런지가 필요한 곳에서는 다이내믹함이 필요하며, 발 홀드가 멀어 다리 관절 가동성 등과 같은 유연성이 필요한 곳도 있습니다.

그렇기 때문에 클라이밍에서는 자신에게 부족한 점을 줄여 나가는 것이 실력 향상의 열쇠입니다.

> 클라이밍 루트에서는 홀드의 간격, 크기, 배치 등이 모두 다르며 이동할 때마다 요소들이 다양하게 변화합니다.

클라이밍을 할 때 떨어지는 것은 자신이 가지고 있지 않은 능력 때문이다

지구력의 부족	근력의 부족	유연성의 부족
긴 루트 연속된 시도	어려운 기술 동작 먼 거리의 끌어당기기	먼 거리의 발 홀드 휴식 가능 여부
순발력의 부족	리치의 부족	복근, 등 근육의 부족
런지 동적 무브	먼 홀드 먼 거리의 끌어당기기	루프 등반에서의 안정 가파른 경사의 벽에서 정확한 무브

클라이밍에서 중요한 3개의 능력

움직이지 않는 대상물을 향해 몸을 맞춰 나가면서 올라가는 행위, 즉 **홀드를 잡고 몸을 끌어 올려서 다음 홀드를 잡으러 가기** 위해서는 다음 3개의 능력이 필요합니다.

(1) 홀드를 잡는 근력
(2) 무브를 수행하는 능력
(3) 다음 홀드까지 몸을 끌어 올리는 근력

(1)은 순수하게 **물체를 잡는 능력**인데, 밸런스가 좋은 자세나 발에 체중을 싣는 무브를 하는 것으로 손의 부담을 줄일 수 있습니다.

(2)는 밸런스를 맞추면서 타이밍 좋게 몸을 움직이거나 발을 올리거나 하는 **동작**입니다. 무브를 수행하기 위해서는 일정 수준의 유연성이 필요한 경우도 있습니다.

(3)은 **끌어당기는 힘**인데, 효율적인 무브나 다리 힘을 이용할 수 있는 자세를 수행하는 것으로 당기는 힘을 줄일 수 있습니다.

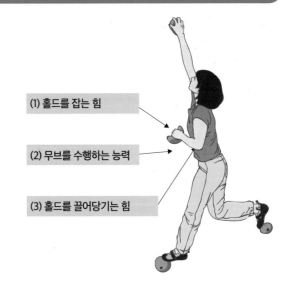

(1) 홀드를 잡는 힘

(2) 무브를 수행하는 능력

(3) 홀드를 끌어당기는 힘

그리고 이러한 능력들은 각각 일어나는 것이 아닙니다. 모든 능력이 서로 관련 있으며 연동하면서 하나의 클라이밍 동작을 만듭니다. 즉 클라이밍은 다른 수많은 스포츠와 마찬가지로 체력과 기술로 이루어져 있습니다.

클라이밍을 잘하기 위한 요소는 다음과 같습니다.

홀드를 잡는 힘	• 메인 요소: 피지컬(체력) • 보완 요소: 테크닉(기술)
무브를 수행하는 능력	• 메인 요소: 테크닉(기술) • 보완 요소: 피지컬(체력)
홀드를 끌어당기는 힘	• 메인 요소: 피지컬(체력) • 보완 요소: 테크닉(기술)

피지컬(근력) 면에서는 오르면 오를수록 근육은 발달하면서 향상됩니다. 한편 테크닉(기술)은 무의식 상태에서도 발전해 나갈 수 있지만 의식적으로 새로운 스킬을 배우지 않으면 향상되지 않는 기술도 있습니다. 그렇기 때문에 클라이밍 실력 향상을 주제로 하는 이 책은 기술에 대해 중점적으로 설명합니다.

클라이밍 실력 향상의 열쇠는 기술과 체력

1) 필요한 능력

클라이밍 실력 향상, 즉 난이도가 높은 루트를 오를 수 있기 위해서는 **기술적인 능력과 체력적인 능력 양쪽 모두 필요합니다. 이 중 어느 한쪽이 뒤떨어지면 실력 향상에 한계가 올 수 있습니다.**

체력 요소와 기술 요소는 일정 수준 정도의 차이라면

서로 보완할 수 있습니다. 하지만 기술적으로 뛰어나더라도 홀드를 잡는 힘이 없다면 나아갈 수 없는 곳이 있거나, 한 팔 턱걸이를 10개나 할 수 있더라도 발에 체중을 싣는 무브를 습득하지 않았다면 결국에는 힘이 떨어지듯이, 서로 보완할 수 있는 수준의 차이가 클 경우 실력 향상에 한계가 있습니다.

> 일정한 범위 내에서 차이가 난다면 테크닉이나 파워는 서로를 보완하면서 올라갈 수 있지만, 보다 높은 실력 향상을 원할 경우에는 2개의 요소를 함께 향상시킬 필요가 있습니다.

2) 클라이밍 능력과 기초 체력

예를 들면 고등학생의 평균적인 턱걸이 횟수는 7개인데 일반적인 남자 클라이머라면 10개 이상은 가능합니다. 정상급 클라이머라면 턱걸이 20회는 거의 누구나 가능합니다.

이러한 체력적인 능력들은 클라이머의 등급이 높아질수록 더 강한 기초 체력이 요구됩니다. 즉 중급, 상급 클라이머로 올라감에 따라 요구되는(또는 보유하고 있는) 체력이나 기술은 높아집니다.

3) 클라이밍과 근력의 관계

근력은 최대 근력의 70%를 하루에 6초간만 사용해도 향상된다고 알려져 있습니다. 즉 오르면 오를수록 근력은 향상됩니다. 클라이밍을 시작한 처음에는 오르는 것만으로도 잡는 힘이나 끌어당기는 힘 등 클라이밍에 필요한 근력이 점차 생깁니다.

하지만 효과적인 근력 향상을 위해서는 적절한 부하와 트레이닝 시간이 꼭 필요합니다. 가파른 오버행이나 루프를 등반할 때 근력이 약해 어려움을 겪는 클라이머라면 턱걸이 능력이 부족한 것이 원인일 수 있겠지만 복근이나 등 근육처럼 자세를 안정시키는 근력

이 부족한 것이 가파른 경사로 된 벽을 오르지 못하는 원인일 수도 있습니다. 자세를 안정시키도록 도와주는 근력들이 부족하면, 허리가 자세를 유지하지 못하고 벽에서 멀어져 정확한 무브를 할 수 없게 되기 때문입니다.

한편 캠퍼스 보드는 근력을 키우기 위해서보다는 폭발적으로 끌어당기거나 잡는 힘을 키우기 위한 트레이닝입니다. 이러한 트레이닝은 시작 단계에서는 필요하지 않고 중급, 상급 레벨 이상에서 필요합니다.

클라이밍 테크닉이란?

1 클라이밍 테크닉의 정의

파워를 잘 사용하도록 도와주는 존재가 테크닉이다.

클라이밍 테크닉과 클라이밍 능력은 밀접하게 관련되어 있습니다. 그렇다면 클라이밍 테크닉이란 무엇일까요? 한마디로 말하자면 잡는 힘과 끌어당기는 힘을 도와주는 능력입니다.

즉 힘을 효율적으로 사용하는 능력이 바로 테크닉입니다. 잡을 수 없는 홀드를 잡을 수 있게 한다거나 끌어당기지 못하는 거리를 끌어당길 수 있게 하는 능력이 클라이밍 테크닉이라고 말할 수 있습니다.

2 클라이밍 테크닉은 무브

효과적인 무브는 잡을 수 없는 것을 잡을 수 있게 한다.

클라이밍 테크닉이란 잡기 곤란한 홀드를 잡거나, 먼 거리에 있는 홀드에 손을 닿게 하는 근력을 보완하기 위한 기술입니다.

클라이밍에서는 그러한 것들을 무브라고 표현합니다. 즉 무브는 근력을 도와서 근력을 효율적으로 사용하기 위해 수행하는 동작입니다.

**클라이밍 테크닉의
좋은 예와 나쁜 예**

허리가 벽에서 멀어져서 손에 부담이 간다.

허리를 벽에 가깝게 위치시켰기 때문에 발에 체중이 실려서 손의 부담이 적다.

팔 힘만으로 끌어당기고 있다.

몸 전체를 회전하면서 자세를 유지하기 때문에 손의 부담이 적다.

클라이밍 테크닉은 발힘의 활용에 있다.

보통 다리 힘은 팔 힘의 3배 이상이나 됩니다. 수십 개의 턱걸이는 매우 힘들지만 수십 개의 스쿼트는 누구나 가능합니다. 그리고 클라이밍 같은 운동을 하는 도중에는 손가락이 점차 버틸 수 없게 되거나 팔의 잡아당기는 힘이 떨어지는 것은 보아도, 다리 힘이 부족해서 떨어지는 모습은 보기 어렵습니다.

클라이밍에서는 위로 올라가기 위한 추진력으로 다리 힘을 얼마나 이용할 수 있는지가 열쇠입니다. 좀 더 풀어서 말하자면, 클라이밍 테크닉이란 **발에 얼마나 체중을 실을 수 있는가** 하는 것입니다. 그리고 무브의 완성도는 발을 얼마나 적극적으로 사용하느냐로 결정됩니다.

팔로 몸을 들어 올리는 턱걸이를 50회 하는 것은 매우 힘듭니다.

다리 힘으로 몸을 들어 올리는 스쿼트는 대부분의 사람이 50회는 가능합니다.

궁극적으로 클라이밍 테크닉이란 발에 얼마나 힘을 실어서 팔의 힘을 줄일 수 있냐 하는 것입니다. 클라이밍은 손가락굽힘근의 힘을 보존하는 게임이라고도 말할 수 있습니다.

다리 힘은 일상생활에서도 많이 사용하고 있기 때문에 기본 지구력이 뛰어납니다. 게다가 최대 근력도 팔의 몇 배나 됩니다.

그러나 클라이밍에서 손은 목표로 삼은 방향을 향해 끌어당기는 움직임을 하고, 다리는 밀고 올라가는 움직임을 하기 때문에 손의 리드가 없으면 방향을 결정할 수 없습니다.

따라서 클라이밍의 이상적인 움직임은 손으로 몸을 진행 방향으로 이끌고, 다리의 힘으로 추진력을 얻는 것입니다.

클라이밍을 하는 데에 있어서 다리 힘은 남아돌 정도로 충분하기 때문에 다리 힘이 세다고 해서 높게 평가되지는 않습니다. 반면 손의 힘에는 한계가 있기 때문에 파워가 있는 클라이머는 보통 팔 힘이 강한 클라이머를 말합니다.

실력 향상에 필요한 요소란?

1) 클라이밍의 핵심은 무브로 귀결된다.

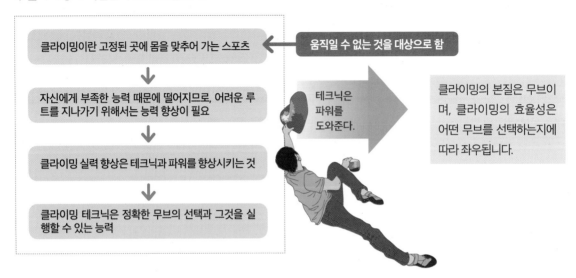

클라이밍이란 고정된 곳에 몸을 맞추어 가는 스포츠 ← 움직일 수 없는 것을 대상으로 함

↓

자신에게 부족한 능력 때문에 떨어지므로, 어려운 루트를 지나가기 위해서는 능력 향상이 필요

↓

클라이밍 실력 향상은 테크닉과 파워를 향상시키는 것

↓

클라이밍 테크닉은 정확한 무브의 선택과 그것을 실행할 수 있는 능력

테크닉은 파워를 도와준다.

클라이밍의 본질은 무브이며, 클라이밍의 효율성은 어떤 무브를 선택하는지에 따라 좌우됩니다.

그렇다면 클라이밍에는 어떠한 무브가 있으며 어떤 식으로 선택하는 걸까요?

클라이밍은 루트에 있는 각각의 구간에 몸을 맞춰 나가는 상황이 연속됩니다. 각각의 홀드 위치로 정확하게 몸을 맞춰 나가는 것이 무브입니다.

따라서 어떠한 무브를 사용할지는 홀드 위치에 따라 다르지만, 많은 무브들은 발 홀드 위치에 따라 결정됩니다. 그리고 홀드의 배치가 움직이는 순서를 결정합니다.

즉 클라이밍에서는 손은 올바른 순서에 따라 움직이고, 발의 위치가 무브를 결정합니다.

2) 클라이밍의 무브를 구성하는 요소

효과적인 클라이밍 무브는 물리적 요소의 합리적인 구성으로 이루어져 있습니다. 밸런스가 좋은 상태, 발에 대한 체중 부담, 적절한 동적 무브의 스피드 등 가장 적합한 동작 메커니즘을 보면 모두 물리적 요소가 적절하게 적용되어 있습니다. 클라이밍에서 중요한 물리적 요소는 아래와 같습니다.

힘의 모멘트	물체를 회전하게 만드는 힘의 성질을 나타내는 양
관성의 법칙	물체의 운동 상태는 외부의 힘이 가해지지 않으면 변하지 않는다는 성질
가속도	물체에 힘을 가하면 생기며, 질량에 반비례한 힘
작용·반작용	물체에 힘을 가하면 생기며, 반작용은 크기가 같은 반대 방향의 힘

3) 클라이밍 무브의 분류

무브의 대부분은 발 홀드의 위치에 따라 결정됩니다.
그리고 그 무브들은 물리적 요소에 따라 분류할 수 있습니다.

클라이밍 무브는 종류가 굉장히 많은데, 각각의 무브는 일정한 유사점이 있는 그룹으로 묶어져 있습니다. 이러한 무브들을 물리적 요소의 차이에 따라 분류해 봤습니다.

무브를 이해하기 위해서는 물리적 구성 요소를 아는 것이 중요합니다.

(1) Balance 기술 / 균형 잡기

대표 무브: 카운터 밸런스
구성 요소: 좌우의 중량 밸런스를 같게 해서 몸의 균형을 만드는 무브
물리적 요소: 힘의 모멘트

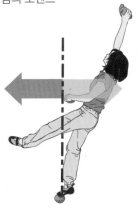

(2) Weight shift 기술 / 올라타기

대표 무브: 하이스텝
구성 요소: 몸의 중량을 받침점의 바로 위에 배치해서 균형을 만드는 무브
물리적 요소: 힘의 모멘트

(3) Opposition 기술 / 작용·반작용

대표 무브: 드롭니
구성 요소: 좌우 또는 상하 위치 등 반대 방향에 힘을 작용시켜서 균형을 유지하는 무브
물리적 요소: 힘의 작용·반작용

(4) Dynamic 기술 / 동적 무브

대표 무브: 런지(다이노)
구성 요소: 동적인 움직임을 이용해 중력에 저항해서 몸을 이동하는 무브
물리적 요소: 가속도

물리적 요소와 무브의 관계

Ⅰ 힘의 모멘트

힘의 모멘트가 효율성과 관련 있다.

모멘트는 물체를 회전시키는 힘을 말합니다. 클라이밍에서는 무브를 하려고 하면 몸이 뒤쪽으로 젖혀져서 회전할 것 같은 경우가 있습니다.

또 몸의 중심 위치를 바꿈에 따라 손에 가해지는 부담이 많아지거나 적어지는 경우도 있습니다. 이것들에는 모두 힘의 모멘트가 관련되어 있습니다.

EX.1 작용점이 받침점에서 멀면 힘점에서 필요한 힘이 크다.

작용점에서의 모멘트(M)는
M=(작용점의 부하) × (받침점에서 작용점 사이)
M=60kg × 50cm = 3000kg · cm
이것을 힘점에서 들어올리기 위한 힘(P)은
P= M ÷ (받침점에서 힘점까지의 거리)
= 3000kg · cm ÷ 100cm = 30kg

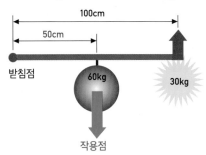

EX.2 작용점이 받침점에 가까우면 힘점에서 필요한 힘이 적다.

작용점에서의 모멘트(M)는
왼쪽에 적힌 것과 똑같이 계산하면
M = 60kg × 20cm = 1200kg · cm
이것을 들어올리기 위한 힘(P)은
1200kg · cm ÷ 100cm = 12kg

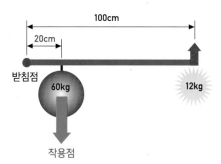

이 모멘트의 계산을 클라이밍으로 바꿔 보면, 발 홀드(받침점)에 몸(무게 중심)을 가까이 대야 오른손에 부하되는 잡는 힘이 더 적어진다는 것을 알 수 있습니다.

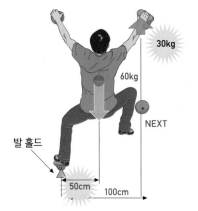

몸의 무게 중심을 왼발에서 50cm 떨어진 위치에 두면 오른손에는 30kg의 힘이 필요해집니다.

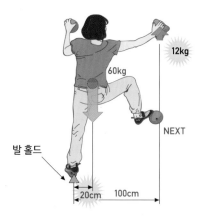

몸의 무게 중심을 왼쪽으로 붙여서 왼발에서 20cm 떨어진 위치에 두면 오른손의 부담은 12kg이면 됩니다.

힘의 모멘트란 물체를 회전시키는 능력을 말하는 것으로, 힘의 능률이라고도 합니다.
대표적인 예는 지레인데, 패턴 3종류가 있습니다.

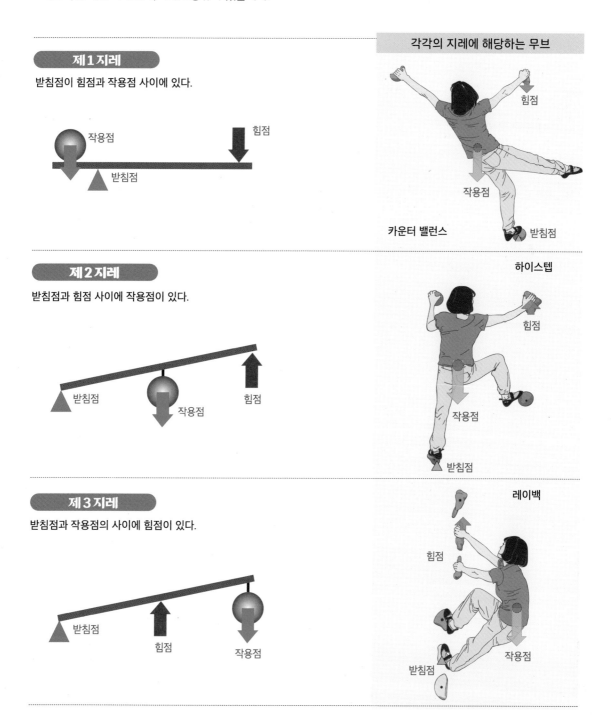

각각의 지레에 해당하는 무브

제1지레

받침점이 힘점과 작용점 사이에 있다.

작용점 / 힘점 / 받침점

카운터 밸런스

힘점 / 작용점 / 받침점

제2지레

받침점과 힘점 사이에 작용점이 있다.

받침점 / 작용점 / 힘점

하이스텝

힘점 / 작용점 / 받침점

제3지레

받침점과 작용점의 사이에 힘점이 있다.

받침점 / 힘점 / 작용점

레이백

힘점 / 작용점 / 받침점

EX.1 가까운 예시로 모멘트를 이해해 보자.

아래의 그림과 같이 렌치를 이용해서 볼트를 돌릴 때, 볼트에서 가까운 위치에서 렌치를 잡고 돌리는 것과 먼 위치에서 렌치를 잡고 돌릴 때의 돌리는 힘의 크기가 달랐던 경험이 있을 것입니다.

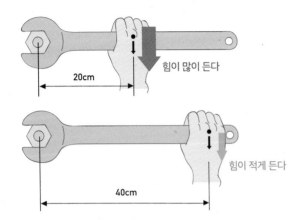

힘이 많이 든다

20cm

힘이 적게 든다

40cm

> 이 차이는 어디에서 생기는 걸까요? 물체를 회전시키려고 하는 능력은 힘의 크기(렌치를 돌리는 힘)뿐만이 아니라, 회전의 중심과 힘이 작용하는 위치까지의 거리(렌치의 손잡이를 잡는 위치)와도 비례합니다.

손잡이를 잡는 위치(r)가 멀수록 물체(볼트)를 회전시키려고 하는 힘은 커지기 때문에, 손에 가해지는 부담이 적어집니다.

 ### 계산해 봅시다

스패너로 볼트를 돌릴 때는 볼트에서 보다 먼 곳을 쥐어야 더 가볍게 돌릴 수 있습니다.

계산해 보면, 볼트에서 20cm 떨어진 곳을 잡으면 10kg의 무게가 걸린다고 하는 것은

M(모멘트) = r × F = 20cm × 10kg = 200kg · cm가 됩니다.

같은 스패너를 잡아도 볼트에서 40cm 떨어진 곳을 잡으면

M = 200kg · cm ÷ 40cm = 5kg

가 되므로, 20cm 떨어진 곳을 잡을 때에 비해 힘이 절반만 듭니다.

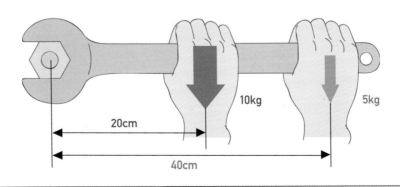

10kg

5kg

20cm

40cm

무브와 모멘트

모멘트가 무브의 좋고 나쁨을 좌우한다.

 EX.1 **손의 부담은 모멘트의 차이**

벽에 허리를 붙일 수 있는 하체의 유연성이 있는지 없는지에 따라 손에 가해지는 부담, 즉 벽에서 몸의 중심이 떨어져 있는 정도에 따라 손에 작용하는 부담이 바뀝니다.

힘점에서 작용점까지의 거리가 멀수록 모멘트가 커지기 때문입니다.

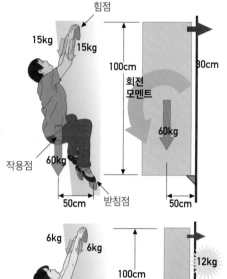

클라이머(위)

유지하기 위한 힘= 60kg x 50cm ÷ 100cm =30kg
좌우의 손에 각각 15kg씩 걸린다.

클라이머(아래)

유지하기 위한 힘= 60kg x 20cm ÷ 100cm =12kg
좌우의 손에 각각 6kg씩 걸린다.

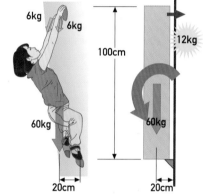

 EX.2 **세 받침점을 이용한 효과적인 "손에 발" 무브**

두 받침점으로 지지할 때는 회전 모멘트가 발생해서 몸의 컨트롤이 어려워지지만, 손 홀드에 발을 올리는 무브를 사용하면 세 점의 지지력을 이용할 수 있게 되고 몸의 회전을 제어할 수 있어 밸런스가 좋아집니다.

다른 한 발을 사용하지 않고
두 받침점으로만 지지하면
회전 모멘트가 발생합니다.

세 받침점으로 지지하면 회전
모멘트를 제어할 수 있습니다.

움직임의 흐름을 끊지 않는 연속 동작으로 중력을 이겨 낸다.

계단을 천천히 걸어 올라가는 것보다 잠깐이라면 뛰어 올라가는 것이 편하게 느껴지는 이유는 관성의 법칙이 작용했기 때문입니다.

연속 동작인 보내기 무브에서는 첫 홀드를 잡은 다음 움직임을 멈추지 않고 자세를 유지하면서 다음 홀드로 향하는 경우가 있는데, **이렇게 동작의 흐르는 힘을 끊지 않고 전진하는 것이 관성의 법칙을 이용한 무브입니다.**

볼더링에서의 2단 런지나 시간차 런지 등도 관성의 법칙을 이용해서 동작의 흐르는 힘을 끊지 않도록 하는 동적 무브입니다.

EX.1 흐름을 멈추지 않는 보내기 무브

아래의 그림은 다음 홀드를 잡으러 가는 손을 이용해 상승하는 추진력을 연속으로 만들어 내는 예입니다. 양손으로 홀드를 잡은 시작 자세에서 오른손을 뻗어 2번 홀드를 잡은 순간에는 최종적으로 잡고자 하는 3번 홀드로 나아가는 추진력을 만들어 주기 위해 아직 몸 전체가 위를 향해 움직이고 있는 상태가 됩니다. 만약 2번 홀드를 잡는 순간 움직임을 멈추면 정지 상태가 되기

때문에, 다시 동작을 시작하는 불필요한 힘을 사용하게 됩니다.

따라서 오른손으로 중간의 추진을 도와주는 2번 홀드를 잡은 순간에 그 흐름 그대로 한 번 더 이어가 오른손을 뻗으면, 위로 상승하는 움직임에 대한 관성력에 의해 불필요한 힘을 쓰지 않고 그 위에 있는 3번 홀드를 잡을 수 있습니다.

양손으로 잡은 상태에서 자세를 잡습니다.

오른손으로 추진력을 주는 홀드를 잡습니다.

흐름이 끊기지 않도록 발을 바꾸지 않은 채로 보내기 무브를 이용해 다음 홀드를 잡습니다.

흐르는 듯한 연속 동작이 필요한 무브
하이스텝 / 맨틀링 / 보내기 무브 / 런지 / 크로스 무브 / 데드 포인트

맨틀링은 한 번에 몸을 끌어 올릴 수 있느냐 없느냐가 성패의 열쇠입니다. 이 기술은 몸을 끌어 올리기에서 밀어 올리기까지 각기 다른 근육을 같이 사용해야 하기 때문입니다.

그대로 스피드를 유지하면서 몸을 끌어 올린다.

스피드를 떨어뜨리지 않은 채로 양손을 밀어 올리는 자세로 전환한다.

발은 스미어링으로 벽을 밀면서 양손으로는 몸을 끌어 올린다.

물리의 법칙 ▶ 관성의 법칙

관성의 법칙이란 "물체는 힘이 가해지지 않는 한 그대로의 상태를 유지한다"라고 하는 법칙입니다. 정지 상태도 운동의 한 형태이기 때문에 아래와 같이 표현할 수 있습니다.

① 힘이 가해지지 않는 한 정지되어 있는 물체는 움직이지 않는다.

클라이밍에서, 정지된 상태에서 움직이기 시작할 때 체중을 의식하게 되는 이유는 우리 몸이 이 조건하에 있기 때문입니다.

② 힘이 가해지지 않는 한 움직이고 있는 물체의 움직임은 계속된다.

※ 지구에서는 중력이나 마찰력 같은 외부의 힘이 작용하고 있기 때문에 이 법칙을 그대로 적용시킬 수 있는 환경은 아닙니다.

움직임의 시작은 다리의 힘을 통해 생기는 가속도를 이용한 연속 무브

클라이밍에서 이상적인 움직임은 <mark>동작을 시작할 때는 발로 밀고, 움직이기 시작하고 나서는 팔로 당기는 것</mark>입니다. 다리는 팔에 비해 상대적으로 지치지 않아 이를 최대한 이용하는 것인데, 처음 움직일 때 부하가 가장 많이 걸리기 때문에 손과 발을 동시에 움직이는

것보다 다리의 힘으로 처음 움직이는 힘을 내기 시작해 가속도를 붙이는 것이 효과적이기 때문입니다.

이렇듯 <mark>무브의 키포인트는 가속도</mark>라고 말할 수 있습니다.

중력에 저항하여 몸을 상승시키기 위해서는 손으로만 당기는 것보다도 발끝, 다리 힘, 양손, 한 손의 순서로 연속해서 가속도를 만들면서 움직이는 것이 효과적입니다.

POINT 정지 상태에서 움직이기 시작할 때까지 힘이 필요하고, 움직이기 시작했을 때 연속해서 힘을 가하면 속도는 점점 빠르게 증가한다.

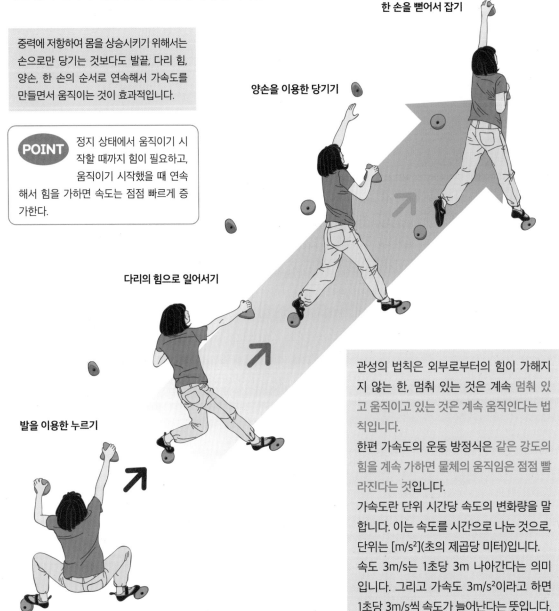

한 손을 뻗어서 잡기

양손을 이용한 당기기

다리의 힘으로 일어서기

발을 이용한 누르기

관성의 법칙은 외부로부터의 힘이 가해지지 않는 한, 멈춰 있는 것은 계속 멈춰 있고 움직이고 있는 것은 계속 움직인다는 법칙입니다.

한편 가속도의 운동 방정식은 같은 강도의 힘을 계속 가하면 물체의 움직임은 점점 빨라진다는 것입니다.

가속도란 단위 시간당 속도의 변화량을 말합니다. 이는 속도를 시간으로 나눈 것으로, 단위는 [m/s²](초의 제곱당 미터)입니다.

속도 3m/s는 1초당 3m 나아간다는 의미입니다. 그리고 가속도 3m/s²이라고 하면 1초당 3m/s씩 속도가 늘어난다는 뜻입니다.

물체에 힘을 계속 가하면 더한 힘의 크기나 물체의 무게에 비례해 가속도가 생깁니다.

이 운동의 특성은 "같은 힘을 가한 경우에는 무거운 물체일수록 가속도가 작다", "같은 가속도를 얻기 위해서는 무거운 물체일수록 더 큰 힘을 가해야 한다"라는 것입니다.

이 운동 방정식은 F=ma(힘=질량×가속도)가 됩니다. 질량 m의 물체에 힘 F를 일정한 상태로 계속 가했을 때, 가속도 a가 생깁니다.

이 수식은 a= F/m이 되기도 하며, 빠른 가속도는 "가한 힘이 크다" 혹은 "움직이게 할 물체의 질량이 작다"로 풀이할 수 있습니다.

가속도와 힘의 관계
물체에 가하는 힘이 클수록 가속됩니다.

가속도와 질량의 관계
가속도는 질량과 반비례하기 때문에 무거운 것은 좀처럼 가속되지 않습니다.

운동 방정식 F= m × a

F= m x a

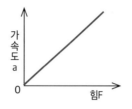

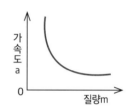

가속도를 더 알아보자

가까운 예를 통해 가속도를 이해해 보자.

차를 사람의 힘으로 밀려고 하면 처음에는 상당한 힘이 필요합니다. 하지만 일단 움직이기 시작하면 같은 힘으로 밀어도 점점 스피드가 올라갑니다. 이것이 가속도입니다.

클라이밍에서도 최초의 움직임을 다리의 힘으로 시작해서 몸이 위로 움직이기 시작한 뒤부터 팔의 힘으로 당기면 팔의 힘을 아낄 수 있습니다. 또 팔의 힘만으로는 끌어당기지 못했던 홀드도 하체에서 움직임을 만들어 내면 끌어당길 수 있게 됩니다.

$$F= m \cdot a(\text{힘}=\text{질량}\times\text{가속도})$$

무거운 차도 점차 움직여 나갈 수 있는 것은 가속도가 붙기 때문이다.

4 작용·반작용

움직임의 흐름을 끊지 않는 연속 동작으로 중력을 이겨 낸다.

무거운 미닫이문을 열 때에 손으로는 당기고 발로는 반대 방향으로 차면서 힘을 가하는 경우가 있습니다.

클라이밍에서도 이렇게 반대 방향으로 힘을 사용해 자세를 유지하거나 위로 나아가는 무브가 많이 있습니다. 드롭니, 레이백, 스테밍 등이 대표적인 예입니다.

1) 필요한 힘의 균형

EX.1 드롭니(백스텝)

드롭니는 발 홀드를 각각의 발을 이용해 앞뒤로 밀어 줍니다. 이 앞과 뒤의 반대 방향으로 미는 행위를 통해 체중을 유지하고 위로 뻗을 수 있는 힘을 얻습니다.

EX.2 레이백

레이백에서는 양손은 자신의 몸 쪽 방향으로 당기고, 발은 그 반대 방향으로 밀어 줍니다. 이 상반된 힘을 통해 몸을 안정시키는 힘을 얻습니다.

뒤로 민다　추진력　앞으로 민다

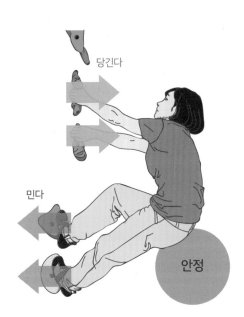

당긴다

민다

안정

EX.3 지지대

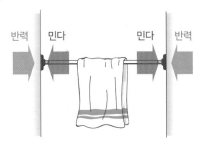

반력　민다　민다　반력

지지대 형태의 수건걸이는 벽을 좌우로 미는 힘으로 인해 고정됩니다. 벽이 약해서 찌그러진다면 수건걸이가 안정적으로 고정되지 않습니다. 지지대가 안정될 때에는 벽에도 충분한 힘(반력)이 지지대의 양쪽에 걸리게 됩니다.

힘은 밀면 다시 돌아오고 잡아당기면 밀어서 버티듯이 항상 밀고 당기는 것이 한 쌍으로 작용합니다. 이것을 작용·반작용의 법칙이라고 합니다. 이 한 쌍으로 되어 있는 2개의 힘은 동일 선상에 있으며 크기가 같고 방향이 반대입니다. 작용·반작용은 많은 클라이밍 무브를 구성하며, 움직임에도 크게 관련되어 있습니다.

공이 벽에 닿으면 튀어서 되돌아오는데 이때 벽에 대해서 공의 힘이 작용함과 동시에 벽에서도 공을 향한 반대의 힘이 생기기 때문에 공이 튀어서 되돌아오는 것입니다.

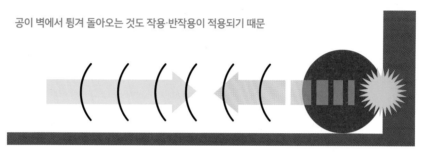

공이 벽에서 튕겨 돌아오는 것도 작용·반작용이 적용되기 때문

※ 만약 벽이 부드러워서 반작용하지 않으면 공은 튀어 돌아오지 않습니다.

작용·반작용을 좀 더 이해해 보자!

 스테밍

작용·반작용에서는 강하게 밀어붙이면 밀어붙이는 만큼 정반대의 힘이 생깁니다.

요철이 없는 벽에서 스테밍을 했을 경우, 떠받치는 힘이 약하면 몸이 아래로 내려가 버리지만 강하게 밀고 버티면 안정됩니다. 이것은 강하게 밀수록 강한 반력을 얻을 수 있기 때문입니다.

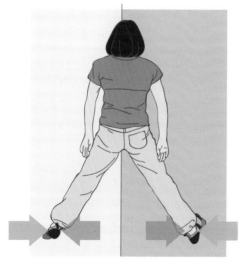

강하게 누르고 버티면 강한 지지력이 생긴다.

 손발을 이용한 스테밍만으로 올라갈 경우에는 다리만 밀고 버텨서는 움직일 수 없기 때문에 한쪽 발을 떼야 하고, 그 순간 그만큼의 힘을 같은 쪽 팔로 떠받쳐야 합니다. 이때는 대각에 있는 발과 손으로 밀고 버티는데, 작용·반작용을 이용하면서 움직이는 것에는 변함이 없습니다.

2) 위아래로의 작용·반작용

작용·반작용은 수평 방향으로만 사용하는 것이 아니라 상하로도 작용시킬 수가 있습니다. 야구의 슬라이딩에서는 발을 재빠르게 밑으로 밀어 넣기 위해 양손을 위로 드는 반력을 사용합니다.

클라이밍에서도 몇 가지의 카운터 밸런스 동작에서 손을 위로 들면서 다리를 밑으로 뻗어서 반력을 얻는 무브가 있습니다.

EX.5 슬라이딩

손을 재빠르게 든다
(반작용)

상체를 뻗는 것이 하체의 빠른 슬라이딩을 만든다.

발을 미끄러지게 한다
(작용)

야구의 슬라이딩의 경우, 발을 재빠르게 앞으로 뻗기 위해 양손을 재빠르게 듭니다. 이는 몸 전체를 낮게 하기 위함보다는 상체를 위로 올리는 반작용을 이용해서 보다 빠르게 발을 뻗게 하기 위함 때문입니다.

POINT 외부의 힘이 가해지지 않는 경우에는 물체의 운동 상태가 유지됩니다. 밑으로 빠르게 다리를 뻗으려고 할 경우, 그 반력으로서 손을 위로 드는 것이 필수입니다.

3) 동적인 작용·반작용

클라이밍에서는 잡은 홀드를 중심으로 몸 전체를 다음 홀드 쪽으로 향하게 하는 것보다도, 그 반대쪽으로

재빠르게 하체를 움직이면 손이 매끄럽게 뻗어지는 동작이 있습니다.

EX.6 플래깅

잡으러 가는 손
(작용)

무게 중심

플래깅 다리
(반작용)

POINT 위의 슬라이딩과 마찬가지로, 클라이밍에서도 먼 곳으로 손을 뻗고 싶은 경우에는 그 반력으로서 다리를 반대 방향으로 크게 뻗는 것이 효과적입니다.

다리를 뻗는 동작이 홀드를 잡으러 가는 손의 거리를 늘린다. 이 경우, 몸의 무게 중심을 중심으로 해서 힘의 방향이 나누어지게 된다.

4) 회전할 때의 작용·반작용

골프나 야구의 스윙에서는 테이크백이라고 해서 먼저 반대 방향으로 휘두른 다음에 스윙합니다. 그리고 공을 칠 때는 하반신부터 몸을 회전시키는데, 이때 강한 반작용을 지면으로부터 얻습니다.

클라이밍의 드롭니는 먼저 손을 뻗는 방향과 반대 방향으로 하반신을 위치시킨 후, 다음 홀드를 잡을 때는 몸을 트위스트하면서 홀드를 잡으러 가는 손을 뻗습니다. 이때 발을 통해 발 홀드에 강한 반작용이 생깁니다.

 골프의 스윙

골프의 스윙에서는 골프 클럽을 크게 휘두를 때 상체와 하반신 모두 뒤쪽으로 회전시켜 두고, 공을 칠 때는 하반신 쪽부터 회전을 시작해서 전신을 사용해서 스윙합니다. 이때 하반신은 지면으로부터 반력을 얻기 때문에 확실하게 고정됩니다.

POINT 강한 전신 스윙은 하반신이 흔들리지 않고 확실하게 지면으로부터 반력을 얻는 것을 전제로 이루어집니다.

 드롭니 / 트위스트

드롭니에서는 반대 방향으로 발을 밀고 무릎을 아래쪽으로 내린 다음 상체를 위로 뻗는 등 많은 부분에서 작용·반작용을 사용합니다.

POINT 드롭니는 몸의 많은 곳이 회전하는 독특한 무브인데, 이때의 움직임들은 확실하게 고정된 홀드로부터 반력을 얻습니다.
(드롭니는 비상구에 나와 있는 그림을 연상하면 이해하기가 더 쉬울 것입니다. 한쪽 팔은 올리고, 다른 쪽은 내리고, 다리는 굽혀 있는 자세를 생각해 봅시다)

＊ COLUMN ＊

근육과 관절도 지레의 원리로 움직인다.

몸은 모두 근육으로 움직입니다. 근육은 수축하는 능력만 있지만 근육, 뼈, 관절의 위치 관계가 모두 3가지의 지레 형태를 취하고 있어 몸을 움직이게 합니다. 이 지레 시스템이 인체에 적용되기 때문에 근위부의 근육이 조금만 수축되어도 원위부는 크게 움직이게 되어 있습니다. 바꿔 말하면 근육은 부하보다도 큰 힘을 내야만 하는 구조입니다.

클라이밍에서의 무브도 역시 지레의 원리가 크게 관련되어 있습니다. 즉 클라이밍에서는 몸의 내부와 외부가 모두 지레 시스템으로 움직이기 때문에, 모멘트가 유리한 무브가 이상적입니다.

※ 무브와 지레의 원리는 23p 참고

제1 지레
받침점이 힘점과 작용점 사이에 있다.

루프에 있는 홀드를 민다.

제2 지레
받침점과 힘점 사이에 작용점이 있다.

발 홀드를 밟는다.

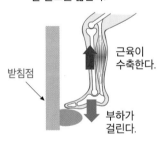

제3 지레
받침점과 작용점 사이에 힘점이 있다.

언더클링으로 잡는다.

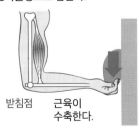

클라이밍의 기본

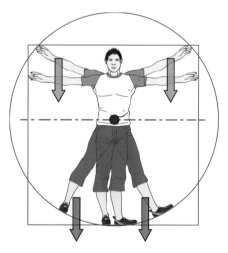

클라이밍은 전신 운동이지만 대상물(홀드)과 맞닿는 부분은 손과 발뿐입니다. 따라서 클라이밍에서는 홀딩과 풋 워크가 매우 중요한 요소가 됩니다. 이번 챕터에서는 손의 구조와 홀드를 잡는 효과적인 방법을 설명합니다. 또 발을 잘 올려놓기 위해서 발의 구조와 암벽화의 기능을 이용한 가장 효과적인 방법을 설명합니다.

홀딩의 기본

손가락과 팔의 구조를 이해하고 홀드를 잡는 효율적인 방법을 생각한다.

클라이밍에서는 손과 발이 벽과의 접점이 됩니다. 암벽화에 감싸져 있는 발에 비해 손을 이용한 대응 방법은 변화가 많은 벽의 형상에 맞춰야 하기 때문에 아주 다양합니다. 그 때문에 정확한 홀딩이 클라이밍의 성패에 크게 연관되어 있습니다.

클라이밍에서 가장 기본은 **홀드를 잡는 것**입니다. 홀드는 클라이밍 월이든 자연에 존재하는 암벽이든 제각각 모양이나 크기가 다릅니다. 이러한 홀드를 효과적으로 잡는 방법은 오른쪽과 같습니다.

1 홀드의 모양에 맞는 방식으로 잡는다.

2 손가락이나 손바닥의 마찰을 충분히 활용한다.

3 가능한 한 힘을 절약한다.

4 무게 중심의 위치나 무브에 따라 바꿔 잡는다.

팔의 단면도

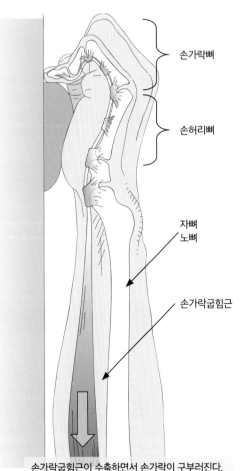

손가락뼈

손허리뼈

자뼈
노뼈

손가락굽힘근

손가락굽힘근이 수축하면서 손가락이 구부러진다.

손가락 끝의 구조

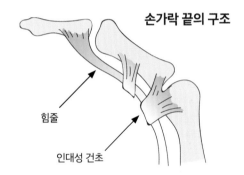

힘줄

인대성 건초

손가락의 기본 구조와 홀드 잡기

홀드는 주로 손가락 끝 또는 손가락 전체를 사용해서 잡습니다. 근육은 늘어났다 줄어드는 이완과 수축을 하기 때문에, 관절을 움직이게 하는 근육은 구부리는 방향의 안쪽에 붙어 있습니다. 손가락을 구부리는 역할은 아래팔(전완)의 안쪽에 있는 손가락굽힘근이 담당합니다.

손가락 끝이 구부러지는 것은 손가락 끝 안쪽에 있는 힘줄이 아래팔에 있는 손가락굽힘근까지 이어져 있고, 그 손가락굽힘근이 수축하기 때문입니다.

힘줄은 건초(tendon sheath)라고 하는 칼집 모양의 조직에 의해 뼈와 관절에 고정되어 있습니다. 손가락굽힘근이 수축하면 이 원통형 구조 속에서 힘줄이 당겨져서 손가락 끝이 손바닥 쪽으로 구부러지는 것입니다.

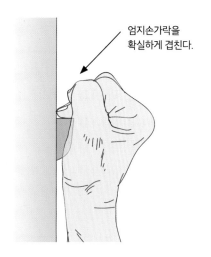

엄지손가락을
확실하게 겹친다.

홀딩의 종류

chapter 2-2

홀드의 형상에 맞게 정확하게 잡는 방법이야말로 홀딩의 모든 것

홀딩에는 많은 종류가 있지만, 바위나 홀드에 맞춰서 정확하게 잡는 방법을 선택할 필요가 있습니다. 이때 올바르게 잡는 법은 "어려운 홀드를 잘 잡을 수 있는 방법", 혹은 "가능한 한 힘이 들지 않게 잡는 방법"입니다.

1 크림프 홀드 / 풀크림프

아주 작은 엣지를 잡을 때 사용

작은 엣지를 잡는 경우에 사용합니다. 검지손가락에서 새끼손가락까지 네 개의 손가락을 세워서 위에서부터 거는 것처럼 잡는 방법입니다. 손가락 네 개로 잡기 어려울 때는 홀드에 세로 형태로 세운 네 개의 손가락 옆에 엄지손가락을 가로로 대거나 검지손가락 위로 겹쳐서 잡는 힘을 높이는 방법이 있습니다. 홀드가 상당히 얇은 경우에는 위쪽에서 홀드의 안쪽을 노리면서 손가락 끝을 찌르듯이 잡는 방법이 있습니다.

POINT 엄지손가락 활용의 장점

검지손가락에서 새끼손가락까지 네 개의 손가락을 구부리는 것은 아래팔에 있는 손가락굽힘근인데, 클라이밍에서 떨어지는 대부분의 경우는 손가락굽힘근이 피곤하거나 잡는 힘이 부족해서 떨어지는 경우입니다.

엄지손가락을 구부리는 근육은 손가락굽힘근과는 별도로 손바닥 안에 있습니다. 엄지손가락을 사용함으로써 잡는 힘을 증가시키고 아래팔의 펌핑을 막습니다.

2 하프 크림프

플랫한 홀드에는 이 방법을

홀드의 두께가 1cm를 넘어가면, 손가락이 벽과 직각(손가락이 바닥과 평행)이 될 정도의 각도에서 잡는 방법도 있습니다. 이때는 엄지손가락을 검지손가락의 위에 겹치던지, 검지손가락의 측면에 대서 잡는 힘을 보완하는 것이 일반적입니다.

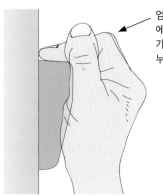

엄지손가락은 측면에 대거나 검지손가락 위에 포개서 누른다.

POINT 홀드를 눌러서 잡는다.

클라이밍에서 홀드를 잡는 힘이 떨어지면 팔꿈치가 들립니다. 팔꿈치를 들어서 홀드를 강하게 누르는 형태로 만들어서 잡는 힘을 도우려 하기 때문입니다. 홀딩에서는 손가락굽힘근을 주로 사용하기 때문에 이 부분이 피로감을 가장 받기 쉽다고 말할 수 있습니다. 그렇기 때문에 어깨를 중심으로 광배근을 사용하여 위에서부터 홀드를 찍어 누르는 잡는 방법을 통해서도 손가락굽힘근의 힘을 덜어 줄 수 있습니다. 이렇게 강하게 찍어 누르는 잡는 방법으로는 오픈핸드라는 방법이 적합합니다.

POINT 티슈풀(피부가 밀려나는 것을 막는다)

피부와 힘줄과 뼈 사이에는 신체 조직이 있습니다. 그렇기 때문에 아주 작은 엣지를 잡으려고 하면 약간 밀려나게 됩니다. 예를 들면 엄지손가락 안쪽과 검지손가락 안쪽을 맞대고 좌우로 밀면 몇 mm 정도 피부가 밀려납니다. 이것이 아주 작은 엣지를 잡았을 때도 생기기 때문에 잡기 어려워지는 것입니다.

그러므로 아주 작은 엣지 홀드를 잡을 때는 벽의 위쪽부터 손가락을 밀듯이 누르면서 끌고 와서 최종적으로 엣지 홀드 위에서 손가락이 멈추도록 하면 불필요하게 피부가 밀려나지 않으면서 홀드를 잡는 힘이 향상됩니다.

EX.1 손가락 안쪽을 서로 맞대고 옆으로 밀면 피부 조직의 부드러움 때문에 약간의 피부 밀림이 있다.

아주 작은 엣지를 잡을 때는 벽 쪽에서부터 손가락을 미끄러지듯 눌러 홀드 위에서 멈춘 뒤에 잡으면 높은 지지력을 유지할 수가 있습니다.

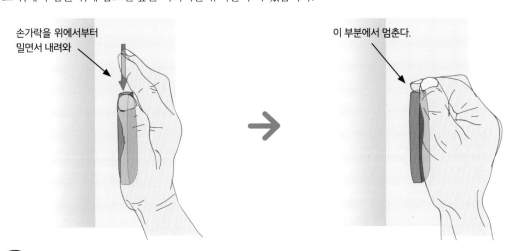

손가락을 위에서부터 밀면서 내려와

이 부분에서 멈춘다.

EX.2 파밍을 할 때는 손가락 끝으로 벽 쪽에서부터 크게 잡아 와서, 피부의 밀려남이 없어졌을 때에 홀드의 바깥 둘레에 위치하도록 합니다.

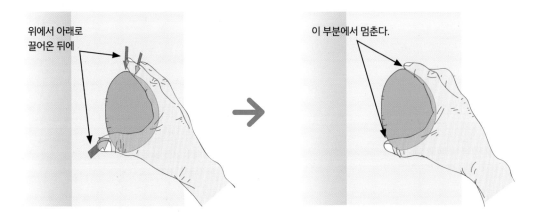

위에서 아래로 끌어온 뒤에

이 부분에서 멈춘다.

내려 누르듯이 잡는 방법을 통한 에너지 절약 효과

크림프가 네 손가락의 끝을 가지런히 모아 손가락 끝을 하나의 **직선** 형태로 하여 홀드를 눌러 잡는 방법이라면, 오픈핸드는 손가락의 안쪽으로 걸치는 듯한 방법으로, **면의 마찰력**을 이용해 홀드를 잡습니다.

일반적으로 클라이밍을 처음 시작할 때 크림프로 홀드를 잡는 사람들이 많습니다. 이것은 크림프가 홀드를 확실하게 잡는 감촉이 들기 때문입니다. 물론 오픈핸드로 잡으면 홀드가 미끄러질 것처럼 불안할 때도 있습니다. 그러나 클라이밍에 숙련되면 오히려 오픈핸드를 많이 사용합니다. 크림프를 사용할 때는 손가락의 제3관절이 벽에서 가장 떨어져 있기 때문에, 모멘트가 커져서 손가락굽힘근에 가해지는 부담이 증가하기 때문입니다. 그에 비해 오픈핸드는 손바닥이 벽에 달라붙을 정도로 가깝기 때문에, 손가락 끝과 제3관절의 거리가 가까워서 모멘트가 작아집니다.

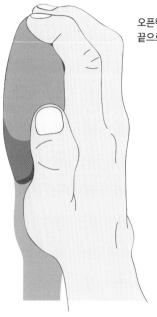

오픈핸드는 손가락 끝으로 누르듯이 잡는다.

홀드를 잡은 손가락 끝부분에서 손가락 끝을 누르기 위한 회전축(제3관절)까지의 거리를 풀크림프일 때는 6cm, 오픈핸드일 때는 3.5cm로 하겠습니다.

그럴 경우, 아래로 가해지는 부하를 30kg라고 한다면 제3관절을 중심으로 한 모멘트는 다음과 같이 비교됩니다.

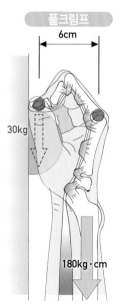
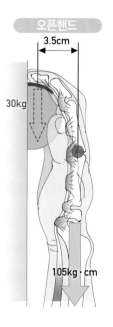

크림프를 할 때의 모멘트
30kg × 6cm = 180kg · cm

오픈핸드를 할 때의 모멘트
30kg × 3.5cm = 105kg · cm

손가락에 가해지는 부하(모멘트)는 손가락굽힘근을 이용해서 잡게 되는데, 이 계산에서는 오픈핸드에 비해 **풀크림프 쪽이 홀드를 잡는 힘이 1.7배나 더 필요합니다.**
물론 풀크림프일 때는 엄지손가락의 도움을 받을 수 있기 때문에 실제로 필요한 힘은 조금 더 줄어들겠지만, 필요한 힘의 양은 오픈핸드 쪽이 더 적기 때문에 근육의 피로를 줄일 수 있습니다.

둥근 홀드는 마찰력을 이용해서 지탱한다.

홀드가 크고 반구체 같이 생겼거나 사면처럼 기울어진 것을 슬로퍼 홀드라고 합니다. 슬로프(slope, 사면)에서 파생된 이름입니다.

슬로퍼 홀드는 잡을 곳이 애매한데, 그래서 **기본적으로는 손을 크게 펴서 손바닥 전체로 잡습니다.** 손바닥을 영어로 팜(palm)이라고 하기 때문에 이렇게 잡는 방법을 파밍이라고 합니다. 또 손바닥 전체의 마찰을 사용하기 때문에 프릭션(Friction, 마찰) 그립이라고도 불립니다.

파밍은 그립이 어긋나면 마찰력을 잃기 때문에 손가락과 손바닥으로 확실하게 감싸 쥐어서 어긋나지 않도록 하는 것이 중요합니다.

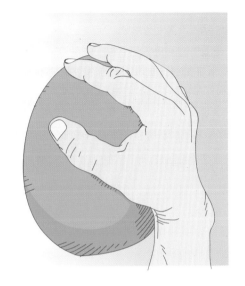

의식해서 손바닥에 체중을 실어 마찰력을 만든다.

슬로퍼 홀드에서는 몸의 무게 중심이 홀드의 바로 아래에 오게 하고, 손바닥에 체중을 실어 주듯 잡는 것이 기본입니다. 손가락으로 잡는 것이 아니라 **손목부터 구부려 줘서 손가락과 손바닥 전체의 마찰력으로 잡습니다.** (※손목부터 회전시키는 것을 힌징(hinging)이라고 합니다. 힌지는 회전축을 말합니다)

홀드의 위치가 몸에서 떨어져 있을 때는 어깨로 누르는 듯한 자세(실제로는 옆구리 아래에 있는 광배근을 사용한다)가 됩니다.

몸을 상승시킬 때도 손바닥에 체중을 싣는다는 이미지를 계속 떠올리면서 팔꿈치에서부터 손목과 손가락 끝까지의 각도를 가능하면 바꾸지 않고 상승시킵니다.

일반적인 홀딩은 손가락의 위치가 중요한 포인트지만, 슬로퍼 홀드는 몸 전체의 밸런스가 맞는 위치를 조절해서 홀드를 잡는 최적의 자세를 만드는 것이 좋습니다.

손가락과 손바닥 전체를 이용해서 매달린다.

홀드를 잡고 있는 손의 바로 아래에 몸의 무게 중심이 위치하도록 한다.

손바닥을 넓게 사용해서 잡습니다. 손가락 힘으로만 잡는 것이 아니라 체중이 손에 실리는 자세를 만들어서 몸의 무게로 잡도록 합니다.

몸이 상승해도 손의 각도는 바꾸지 않는다.

파밍에서는 일단 잡은 위치를 유지하면서 위로 올라갈 때도 **손의 위치나 각도를 바꾸지 않고 몸이 이동합니다.** 위치가 어긋나면 손의 마찰력이 떨어져서 미끄러지기 쉬워지기 때문입니다.

또 몸을 들어 올리면 자연스럽게 손의 각도가 올라가는데, 그렇게 되면 손이 미끄러지기 쉬워집니다. 그렇기 때문에 손의 각도를 유지한 채로 몸을 상승시키는 것이 기본입니다.

손의 각도를 유지한 채로 천천히 올라가는 것이 어려울 때는 **스피드를 높여 한 번에 몸을 상승시키는 것도 효과적입니다.**

손의 각도를 유지한 채로 한 번에 몸을 올린다.

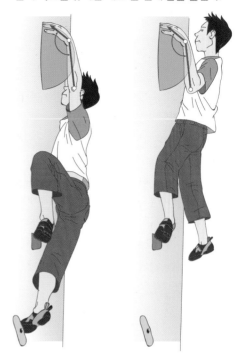

POINT 파밍의 응용

파밍 역시 상황에 따라 유연하게 대응한다.

슬로퍼 홀드는 손가락을 넓게 펴서 잡는 것이 기본입니다. 그러나 홀드 안쪽 부분의 어느 한 곳이 잡기 쉬운 모양으로 되어 있다면, 반대로 손가락을 모으거나 홀드의 안쪽을 크림프 홀드로 잡는 편이 효과적일 때도 있습니다.

손가락을 최대한 펼친다.
반구형의 홀드는 위쪽 부분을 감싸서 잡기보다는 손가락을 최대한 펼쳐서 반구 전체를 잡는 편이 나을 때가 있습니다. 이때의 장점은 손바닥이 쉽게 흔들리지 않고, 팔꿈치에서부터 손목과 손가락 끝까지의 각도가 안정되기 때문에 몸 전체의 밸런스가 좋아진다는 점입니다.

손가락을 모은다.
슬로퍼 홀드 중에는 모양이 균일하게 둥근 것부터 모양이 일정하지 않은 것까지 있는데, 그중에는 한 곳으로 손가락을 모으면 더 잡기 쉬운 홀드도 있습니다.

손가락을 최대한 펼쳐서 전체적으로 마찰을 얻는다.

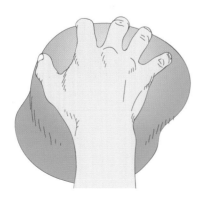

주변보다 약간 팬 한 곳에 모은다.

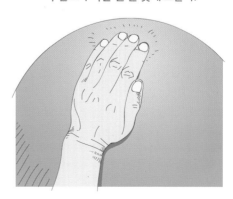

엄지손가락의 사용과 악력이 중요한 홀딩

핀치란 "집다"라는 뜻이며, 기본적으로는 세로 형태의 홀드를 좌우로 집어서 잡습니다. 이 경우 검지손가락에서 새끼손가락까지 네 개의 손가락이 엄지손가락과 마주보게 잡게 됩니다.

그냥 잡으면 100% 엄지손가락과 다른 네 손가락의 악력에만 의지하게 됩니다.

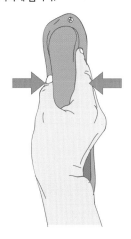

약간 위쪽부터 잡은 뒤, 손목 쪽을 떨어뜨리듯이 눌러 잡아서 아랫부분에서 고정하듯이 잡게 되면 손가락과 홀드 사이가 잘 밀착되어서 빈틈이 없어지고 마찰력이 향상됩니다. 이것은 피부의 밀림 현상인 티슈풀(38p 참고)을 없애서 잡는 방법이기도 합니다.

POINT 비틀어서 눌러 잡는다.

홀드의 위쪽부터 잡아서 떨어뜨리는 모양으로 하여 홀드를 잡으면 강한 지지력을 얻을 수 있습니다.

위쪽부터 잡는다.　　　떨어뜨려서 고정한다.

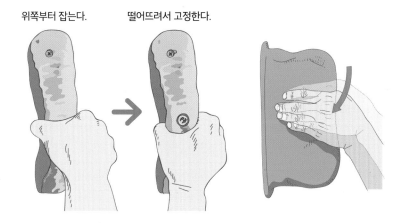

물갈퀴의 활용

최종적으로 엄지손가락과 검지손가락 사이에 있는 물갈퀴가 홀드의 표면과 마찰이 되도록 하여 잡으면 큰 지지력을 얻을 수 있습니다.

또한 처음 단계에서 약간 위쪽에서 비벼 넣듯이 누르면서 홀드를 잡으면 티슈풀 효과로 인해 피부가 어긋나지 않는 만큼 잡는 힘이 향상됩니다.

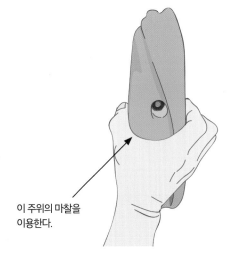

이 주위의 마찰을 이용한다.

포켓의 사이즈에 따른 다양한 적용

포켓 모양으로 된 홀드는 손가락을 넣어서 잡습니다. 기본적으로는 엄지손가락을 제외한 다른 손가락들을 가능한 만큼 넣습니다. 깊은 포켓홀드일 경우에는 포켓 안쪽에 손가락의 두 번째 마디까지 사용해 가장 강한 강도로 잡지만, 얕은 포켓에서는 크림프나 오픈핸드로 대응합니다.

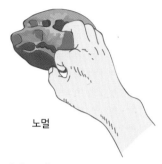
노멀

크림프

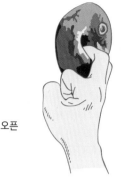
오픈

두 손가락 포켓

손가락 하나당 잡는 힘의 강도는 중지-검지-소지-약지 순입니다(손가락 굵기로 봐서는 약지-소지 순일 것 같으나 악력계로 측정하면 소지-약지 순입니다). 그렇기 때문에 두 손가락을 사용할 때, 강도 면에서는 검지와 중지를 사용하는 것이 효과적입니다. 그러나 중지와 약지의 관절은 같은 위치에서 구부러지기 때문에 포켓홀드를 잡는 느낌이 좋아집니다. 따라서 일반적으로는 중지와 약지의 조합을 자주 사용합니다.

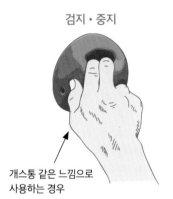
검지 · 중지

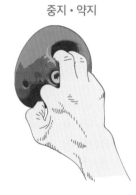
중지 · 약지

개스통 같은 느낌으로
사용하는 경우

세 손가락 포켓

옆으로 세 손가락을 나란히 정렬할 수 있다면 그렇게 하지만, 구멍이 좁은 홀드에서는 중지만 위에 겹쳐서 잡는 방법이 있습니다. 이렇게 잡는 방법을 "포개잡기"라고 부르는 경우도 있습니다.

한 손가락 포켓(모노포켓)

손가락이 하나밖에 들어가지 않는 홀드에서는 손가락에 가해지는 큰 부하로 인해 힘줄이 손상될 수 있으므로 주의해야 합니다. 이것은 잡는 힘의 문제도 있겠지만, 손가락이 하나라면 좌우로 흔들리기도 쉽고 그것을 제어하기 위해 불필요한 힘이 더 요구되기 때문입니다.

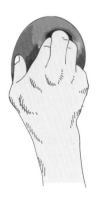

펌핑이 안 되는 손바닥의 사용과 가동 범위의 이점

문고리 모양의 홀드(knob hold)를 잡을 때 사용합니다. 클라이밍에서 홀드를 잡을 때는 손가락을 굽히는 근육을 사용하는데, 이때 힘이 빠지면 홀드를 잡을 수 없게 됩니다.

크림프에서는 제2관절부터 그 앞쪽의 손가락을 이용해서 잡지만, 랩은 제3관절을 중심으로 잡습니다. **손가락굽힘근에 가까운 관절을 사용하는 것이 모멘트가 적기 때문에 피로감을 거의 느끼지 않는 장점이 있습니다.**

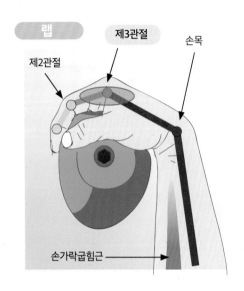

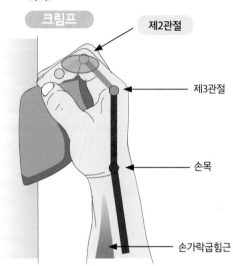

손바닥의 방향과 끌어당기는 거리의 차이

인체의 관절은 다양한 각도로 구부러져 움직이는데, 그 가동 범위도 다양합니다. 예를 들면 손을 앞쪽으로 뻗은 뒤 겨드랑이까지 당기는 동작에서는 손바닥을 밑으로 향하게 하는 것보다 손바닥을 옆으로 향하게 하는 것이 뒤쪽으로 당길 수 있는 거리가 더 길어집니다.

이는 손바닥의 각도에 따라 근육과 힘줄(근육과 뼈가 붙어 있는 부분)의 움직임에 제한이 생기기 때문입니다. 머리 위에서 당기더라도 오버그립과 언더그립에서 당길 수 있는 거리가 다르며, 언더그립 쪽이 더 길게 당길 수 있습니다. 이렇듯 랩의 각도에 따라 긴 거리를 당길 수 있습니다.

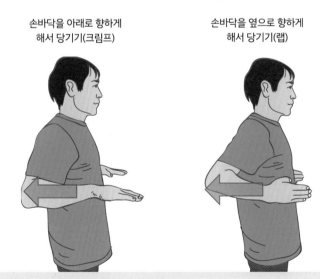

손바닥을 아래로 향하게 해서 당기기(크림프)

손바닥을 옆으로 향하게 해서 당기기(랩)

손바닥을 아래로 향하는 것보다 옆으로 향하는 것이 손을 뒤로 당기기 쉽습니다.

근육의 가동 범위와 힘의 발휘량

근육은 가동 범위의 중간 지점에서 최대 근력인 100%의 출력이 나오며, 끝까지 다 뻗거나 굽힌 상태에서는 최대 근력의 50% 정도로 줄어듭니다.

그렇기 때문에 몸을 다 뻗은 상태에서보다는 조금 여유가 있는 상태에서 끌어당겨야 더 많은 힘을 발휘할 수 있습니다.

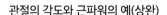

관절의 각도와 근파워의 예(상완)

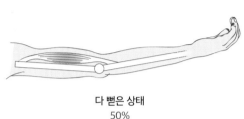

다 뻗은 상태
50%

약 90° 굽혔을 때
100%

90°보다 더 굽혔을 때
70%

근육의 가동 범위와 힘의 발휘량

근육의 가동 범위가 넓다는 것은 힘이 나오는 범위도 넓다는 말이 됩니다. 턱걸이에서 주로 사용되는 근육은 광배근(겨드랑이 밑부터 등의 하부 및 허리에 이르는 근육)과 대원근(겨드랑이 밑에서 등을 가로지르는 근육)인데, 철봉을 언더그립으로 잡을 때 턱걸이를 더 쉽게 할 수 있는 이유는 언더그립의 가동 범위가 넓고 그

만큼 근육을 사용할 때 생기는 힘도 크기 때문입니다.

따라서 **홀드도 손을 벽으로 향하게 해서 잡는 것보다, 랩으로 잡는 편이 가동 범위를 더 넓게 사용할 수 있습니다. 그로 인해 근파워가 커지고 손가락굽힘근의 근력을 아낄 수 있기 때문에 근육이 쉽게 피로해지지 않는다는 큰 장점이 있습니다.**

EX.1 가동 범위가 넓은 언더그립과 랩

턱걸이에서 오버그립과 언더그립으로 잡을 때 사용하는 근육(광배근)은 같지만, 더 당기기 쉬운 것은 언더그립 쪽입니다. 이는 앞에서 말한 것처럼 언더그립 쪽이 가동 범위가 더 크고 힘이 나오는 범위가 더 크기 때문입니다. 크림프는 오버그립이지만 랩은 언더그립처럼 가동 범위가 큰 방향에서 당기기 때문에 홀드를 잡기에 더 유리한 방법이라고 말할 수 있습니다.

오버그립보다 언더그립 쪽이 더 당기기 쉬운 것은 손목의 방향에 따라 가동 범위가 변하기 때문입니다.

오버그립

언더그립

8 　오버핸드 그립

몸을 상승시켜 푸시 동작도 효과적

　엄지와 검지손가락을 벽 쪽을 향해 잡는 방법입니다. 홀드의 모양에 따라 엄지손가락과 다른 네 개의 손가락을 이용해 홀드를 고정하는 형태가 되는데, 네 개의 손가락 옆에 엄지손가락을 붙여서 잡는 방법도 있습니다. 삼각 형태의 볼륨 위쪽 모서리를 잡을 때 가끔 사용합니다.

　또 크림프 그립을 사용해서 잡고 있던 홀드를, 몸이 상승했을 때 손을 위에서 누르는 식으로 다시 잡을 때에도 사용합니다.

일반적인 오버핸드

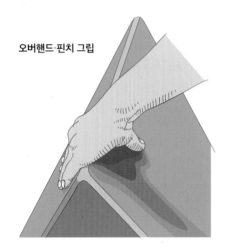

오버핸드·핀치 그립

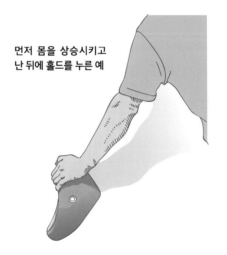

먼저 몸을 상승시키고
난 뒤에 홀드를 누른 예

9 　세 손가락 핑거 그립

변형 홀드에는 변형 그립을

　야구공을 잡듯이 엄지, 검지, 중지 세 손가락을 펴서 잡고, 약지손가락은 도와주는 형태가 됩니다. 일반적으로는 특이한 모양으로 된 홀드에서만 사용하지만, 세 손가락이 떨어져 있는 만큼 손목이 고정되어서 의외로 안정적입니다. 의자 중에서는 세 다리 의자가 가장 안정감 있는 것과 비슷합니다.

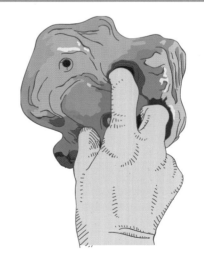

10　사이드풀

세로 잡기에는 회전을 제어하는 것이 필요

　세로형 홀드나 벽의 형태가 돌출된 칸테 등에서 홀드를 옆에서 당기듯이 잡는 방법입니다. 엄지손가락을 검지손가락의 측면에 붙이는 방법과 엄지손가락과 나머지 네 손가락으로 고정하는 방법이 있습니다.

　잡는 힘을 증가시키기 위해서는 홀드를 손가락과 손바닥이 연결되는 관절 사이에 고정하는 것이 중요합니다.

　경사가 90° 이상인 벽에서 홀드를 세로 방향으로 잡으면 몸이 회전하기 때문에, **카운터 밸런스를 크게 사용하거나 반대쪽 손도 세로 방향으로 잡거나 반대쪽 발로 훅을 하는** 등 회전을 제어하는 방법이 필요합니다.

11　개스통

개스통은 체중을 싣는 것이 열쇠

　엄지손가락을 아래 방향으로 해서 **백핸드처럼 잡는 방법을 개스통이라고 합니다.** 다음 홀드를 잡을 수 있는 범위는 어깨 넓이밖에 되지 않고 또 오버행에서는 끌어당기는 힘을 발휘하기 어렵기 때문에, 홀드를 효과적으로 잡기 위해서는 손가락의 힘뿐만 아니라 몸 전체의 밸런스에도 주의를 기울일 필요가 있습니다.

가슴을 내밀면서 진행하면 잡는 힘이 커진다.

　개스통 자세에서 홀드를 잡으러 갈 경우에는 잡은 홀드를 당긴다기보다는 **잡으러 가는 쪽의 가슴을 벽에 붙이듯이 회전하면서 갑니다.** 그렇게 함으로써 자연스럽게 당기는 팔 쪽의 몸통에 회전이 생겨 잡는 힘이 더해지기 때문입니다.

가슴을 내밈으로써 그 반작용으로 끌어당기는 힘이 생긴다.

개스통의 유효 범위

회전의 중심

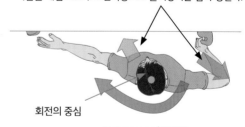

양손으로 하는 개스통은 양손여닫이문 기술이라고 불리기도 한다.

MEMO
개스통이란 이름은 처음 이 기술을 사용한 프랑스의 유명한 클라이머의 이름을 따서 붙어졌습니다.

아래쪽에서 사용하는 홀딩

아래 방향으로 향해 있는 클라이밍 홀드를 잡을 때에 사용하는 방법입니다. 엄지손가락을 제외한 네 개의 손가락을 안쪽으로 향하고 엄지손가락은 바깥쪽에 두어 홀드를 사이에 끼우는 듯이 고정하는 방법과 다섯 개의 손가락 전부를 안쪽으로 돌려서 잡는 방법이 있습니다.

이렇게 잡을 때에 사용하는 근육은 손가락굽힘근과 상완이두근 두 가지입니다. 그렇기 때문에 손가락굽힘근만 사용하는 다른 방법보다도 펌핑이 되는 정도가 적다고 말할 수 있습니다.

밑에서 잡을 수 있는 홀드는 언더컷이라고 부릅니다.

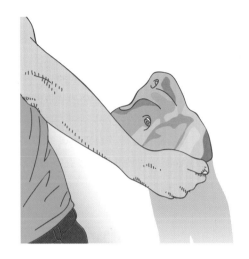

높은 위치에서 잡았을 경우에는 발을 빨리 올린다.

언더클링에서 힘을 가장 많이 넣을 수 있는 높이는 가슴에서 무릎까지의 구간입니다. 그것보다 높으면 잡는 힘이 떨어지게 되고 몸을 벽에 붙여서 발에 체중을 싣는 것이 힘들어집니다. **그렇기 때문에 밑으로 향해 있는 홀드를 몸의 높은 위치에서 잡았을 경우에는, 될 수 있는 만큼 발을 높이고 몸을 상승시켜 홀드가 가슴보다 밑에 있는 안정된 포지션으로 잡는 위치를 가져오는 것이**

중요합니다.

또 홀드를 잡고 있는 손이 **무릎보다 밑에** 위치했을 경우에는 허리가 내려가서 엉덩이가 벽에서 멀어지게 됩니다. 그렇게 되면 손에 체중 부담이 많이 가해지기 때문에, 손이 **무릎보다 위에** 위치하도록 조절해야 합니다.

언더클링은 어깨보다 높은 위치에서는 잡기 힘듭니다.

재빨리 발을 들어서 손을 쓸 수 있게 만드는 것이 포인트

세로로 몸이 낼 수 있는 거리를 최대한 사용함으로써 먼 거리의 홀드를 잡을 수 있습니다.

몸을 벽에 붙여서 홀드를 잡는 힘을 향상시킨다.

언더클링으로 홀드를 잡을 때는 팔꿈치를 뒤로 당겨서 **몸을 벽에 붙이는 것이 중요합니다. 무게 중심이 벽에 가까워질수록 발에 체중이 실려서 손의 부담을 줄일 수 있기 때문입니다.** 이 경우, 바로 정면으로 힘을 써서 팔꿈치를 당기는 것이 아니라, **몸의 측면에 팔꿈치를 고정시키고 허리 부위의 트위스팅을 사용해서 몸을 벽에 붙이면 손에 힘이 적게 듭니다.** 또 양손으로 언더클링을 할 경우에는, 허리를 벽에 붙여 그 반력으로 자연스럽게 양손이 당겨지기 때문에 효과적입니다.

팔꿈치를 고정시키고 트위스팅해서 끌어당긴다.

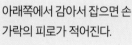

아래쪽에서 감아서 잡으면 손가락의 피로가 적어진다.

아래쪽에서 오버핸드로 잡는다.

아래쪽으로 향해 있는 홀드를 잡을 경우, 기본적으로 아래쪽에서 잡는 방법 외에 손바닥으로 감아서 잡는 방법도 있습니다. 위에서 잡으면 오버핸드 그립이 되는 방법을 아래쪽에서 하는 방법입니다.

이 방법으로 잡으면 손바닥을 이용할 수 있는 만큼 손가락에 가해지는 피로가 적어집니다.

후면 잡기

언더클링은 홀드의 아랫부분을 잡는 방법인데, 밑으로 향해 있는 홀드 외에 몸이 홀드 아래에 위치하고 있는 상태에서 안쪽으로 손을 돌려서 홀드를 누르듯이 잡는 경우도 있습니다.

이렇게 잡는 방법은 입체적인 월에서 루프의 올라서는 모서리나 삼각형 볼륨의 아랫부분에서 홀드를 누를 때에 사용하는데, **손가락 끝보다는 몸 전체의 동작을 동반하는 경우가 많습니다.**

후면 잡기는 홀드의 뒤쪽에서 높은 위치에 있는 홀드를 잡을 때에 사용하는 방법이다.

모든 방법을 동원해서 잡는 힘을 보완하자.

클라이밍이라는 스포츠는 홀드를 잡는 힘과의 싸움입니다. 그렇기 때문에 그 힘을 높이는 것이 중요한데, 만약 홀드를 잡는 힘을 기를 수 있는 방법이 있다면 그것을 이용하는 것이 좋습니다. 아래에는 홀드를 잡는 힘을 보완하기 위한 다양한 방법을 소개합니다.

엄지손가락의 활용

많은 클라이밍 홀드들은 돌출되어 있습니다. 그렇기 때문에 홀드의 아래에 엄지손가락을 갖다 대고 약간 핀치 그립의 느낌으로 잡음으로써 홀드를 잡는 힘을 보완할 수 있습니다.

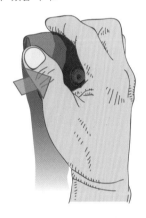

무릎의 활용

잡은 홀드가 좋지 않아서 힘이 잘 안 들어갈 때, 발 홀드의 위치에 따라서는 홀드를 잡고 있는 손에 무릎을 갖다 대서 힘을 보완할 수 있는 경우가 있습니다. 기본적으로 허리 정도의 높은 위치에 발을 올려서 무릎 안쪽으로 손등을 누르는 느낌입니다.

미는 힘을 이용한다.

리드 클라이밍에서 펌핑이 되었을 때에 팔꿈치가 올라갈 때가 있습니다. 이것은 손가락의 힘이 다 떨어져서 홀드를 끝까지 잡을 수 없게 되기 때문에 미는 힘을 이용하려는 것입니다.

팔꿈치를 들면 광배근으로 홀드를 누르는 힘을 통해 악력을 보조할 수 있게 됩니다.

다양한 무브를 자유롭게 만들어 내기 위해서 팔꿈치를 들어 올리는 동작을 많이 사용하기 힘들지만, 누르는 힘을 이용할 수 있을 때는 홀드를 잡는 힘을 도와주는 용도로 사용하는 것도 생각해 볼 수 있습니다.

당기는 요소에 미는 요소를 더하는 것이 피로를 더 늦출 수 있다.

무브를 수행할 때 무릎과 팔꿈치를 벽에 붙여서 몸의 흔들림을 멈추는 방법도 효과적입니다. 이는 몸의 무게 중심에서 작용점까지의 모멘트를 적게 만드는 효과가 있습니다.

피겨4

피겨4는 가장 기술적인 무브 중 하나입니다. 잡고 있는 홀드는 괜찮지만 홀드 사이가 멀어서 발 홀드를 이용하기에는 부족하고, 다음 홀드가 런지 같은 다이내믹한 무브로는 잡기 힘들 때에 사용합니다. 포켓홀드 등 목표물이 작을 경우에 많이 적용됩니다.

이 무브는 홀드를 잡고 있는 손에 무릎을 걸어서 팔이 발 홀드를 대신하며, 손에는 아래로 힘이 걸리기 때문에 홀드를 잡는 힘이 나옵니다.

게다가 허리 부근 정도까지 끌어당기기 때문에 충분한 거리를 확보할 수 있는 무브입니다. 그러나 한 번 시도하면 걸린 다리를 팔에서 빼내기가 어렵기 때문에, 상당히 과감한 시도입니다.

무브를 하는 방법은 양손으로 홀드를 잡은 자세에서 잡으러 가는 쪽 발의 무릎을 홀드를 잡고 있는 손의 팔꿈치 부분에 겹쳐서 올려놓는 자세를 취합니다. 이때 허리가 내려가면 충분한 거리가 나오지 않으므로 주의합니다. 반대쪽 발은 플래깅을 해서 밸런스를 맞춥니다.

하지만 홀드를 잡으러 가는 손으로 다음 홀드를 잡더라도 걸어 둔 다리를 빼내야 하기 때문에, 잡으러 갈 홀드도 비교적 양호해야 한다는 전제에서 시도합니다.

허리를 떨어뜨리지 않고 등 부위를 살짝 편다는 느낌으로 홀드를 잡으러 가는 손의 어깨를 들어 올리듯이 만든다.

팔꿈치에 반대쪽 다리의 무릎을 걸면 홀드를 잡고 있는 손을 누르는 자세가 된다.

이쪽 다리는 홀드를 밟지 않고 플래깅을 해서 전신의 밸런스를 잡는다.

이 무브는 일단 자세가 들어가면 자세를 바꾸기에 상당한 부담이 있기 때문에, 과감하게 움직여 봐야 하는 경우에 사용해야 한다.

풋 워크의 기본과 기술

손의 부하를 줄이고 발로 체중을 분산시킨다.

클라이밍에서 발 사용의 핵심은 "홀드에 발을 올리는 방법"과 "힘을 싣는 방법"입니다. 기본적으로 클라이밍의 좋고 나쁨은 손이 아니라 발에 얼마만큼 체중을 실어 나갈 수 있느냐에 달려 있습니다. 그렇게 때문에 강한 다리 힘을 사용할 수 있는 발의 위치가 중요해집니다.

발 홀드는 눈으로 본다.

손 홀드는 손으로 직접 잡기 때문에 가장 잡기 쉬운 부분에 섬세하게 반응할 수 있습니다. 그에 비해 발 홀드는 암벽화를 신은 상태에서 올려놓기 때문에, 아무래도 감각이 둔하기 마련입니다. 그렇기 때문에 발을 올려 두기 전에 올려 둘 장소를 확실하게 볼 필요가 있습니다. 또 발 홀드는 막연하게 다리를 올려놓는 것이 아니라 가장 효율적인 지점을 핀포인트로 노려서 올려놓는 것이 중요합니다. 대형 발 홀드일 경우에도 가장 유효한 직경 10mm 정도의 한 지점만이 발 홀드이며 나머지는 장식일 뿐이라고 생각합시다.

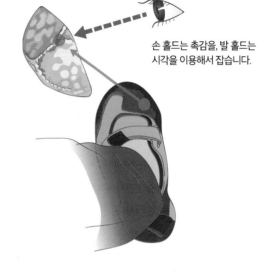

손 홀드는 촉감을, 발 홀드는 시각을 이용해서 잡습니다.

발 쓸어내리기

발 기술에 있어 가장 중요한 요소는 발을 쓸어내듯이 발 홀드에 올려 두는 것입니다. 발은 위에서 그대로 올려놓는 것이 아니라, 안쪽에서 회전시키듯이 홀드에 둡니다. 그렇게 하면 약간이라도 몸의 무게 중심이 벽 쪽으로 옮겨 갑니다. 그리고 손에 가해지는 부담도 덜어집니다. 또 발을 쓸어내는 것은 홀드의 밀착성을 만들어 내서 발이 쉽게 미끄러지지 않게 합니다.

벽 속으로 들어가자!

클라이밍은 다리의 힘을 얼마나 잘 사용해서 손의 힘을 빼느냐가 중요합니다. 그렇기 때문에 발은 항상 몸이 벽면 쪽으로 기울어지도록 발 홀드를 쓸어내는 형태로 올립니다. 자세를 보면 마치 벽 안으로 들어갈 듯한 자세입니다.

미세한 가장자리에서 딛고 서는 기술을 연마한다.

엣징이란 암벽화를 좁은 엣지 홀드에 올려놓는 기술입니다.

암벽화가 부드러운 고무라면 모양이 변형되어 홀드에서 떨어지기 쉬워질 수 있기 때문에, 일정한 경도가 필요합니다. 그러나 부드러운 고무 재질로 된 것이 오히려 마찰력이 높을 수도 있습니다. 따라서 암벽화의 아웃솔은 이 상반된 요소를 얼마나 적절하게 조합할 수 있는가가 중요합니다.

발가락을 모아서 발뒤꿈치를 든다.

엣징이라는 방식은 작은 홀드, 바위의 돌출된 면이나 끝부분에 올릴 때에 사용합니다. 엣징으로 올려놓을 발 홀드의 폭이 2cm보다 좁아진다면 보다 섬세하게 발을 사용해야 합니다.

암벽화의 아웃솔이 발 홀드의 미세함에 밀리지 않도록 발가락을 모아 주고 동시에 발뒤꿈치를 드는 느낌으로 만들면 엣징이 더 잘 걸립니다.

또 발은 벽 방향에서 바깥쪽을 향해 쓸어내는 움직임을 합니다. 이렇게 하면 몸의 무게 중심이 벽 쪽으로 기울어서 발이 쉽게 밀리지 않습니다.

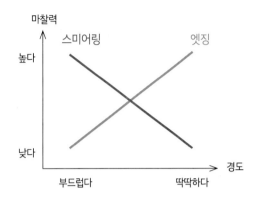

처음부터 가장 좋은 위치에 올려놓는다.

어려운 엣징은 동전만 한 두께나 화강암 결정체가 될 수도 있습니다. 이 경우에는 한 번 올려놓은 발을 절대로 움직이지 않는 것이 중요하니 올려놓기 전에 처음부터 가장 좋은 위치를 판단해서 딛는 것이 필요합니다.

> 무브 도중에 밀려나지 않도록 하기 위해, 발 홀드가 작을수록 처음부터 가장 적합한 위치에 올려놓는 것이 중요합니다.

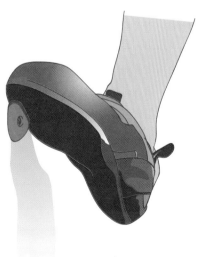

2 스미어링

암벽화의 마찰력을 최대한 이용한다.

　스미어링(문지르기)은 암벽화의 아웃솔을 벽이나 홀드에 강하게 밀어서 누르는 힘을 얻는 방법입니다. 스미어링에서는 마찰력이 중요한 요소가 됩니다.
　암벽화의 마찰력은 바위나 홀드의 표면 상태에 따라 달라지지만 샌드코팅(sand coating)이 된 클라이밍 벽과 암벽화의 최대 마찰력(μ)은 1.4 정도입니다. 이것은 손을 사용하지 않은 상태에서 경사각 55~60° 정도까지 미끄러지지 않는 정도입니다.

최대 마찰력

경사면의 각도를 점차 크게 하면 마찰력은 높아집니다. 이때 미끄러지기 직전의 마찰력을 최대 마찰력이라고 합니다.

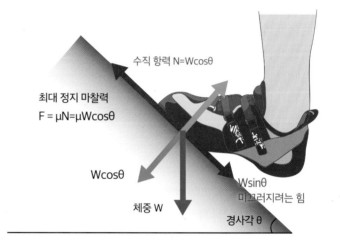

수직 항력 N=Wcosθ

최대 정지 마찰력
F = μN=μWcosθ

Wcosθ

체중 W

Wsinθ
미끄러지려는 힘

경사각 θ

경사면과 마찰력의 관계

마찰력은 미끄러짐에 대한 반대의 힘(반력)이기 때문에, 문지르는 무게가 무거울수록 마찰력도 높아집니다. 평지처럼 각도(θ)가 0인 곳에서는 체중(W)이 걸리지만 미끄러질 요소가 없기 때문에 그 반력인 마찰력도 역시 0입니다. 그리고 경사면의 각도가 심해질수록, 미끄러져서 떨어지려고 하는 힘(경사각에 분산된 힘의 성분인 체중: Wsinθ)이 가해지기 때문에 그 반력으로 마찰력이 올라갑니다. 이때의 마찰력은 정지 마찰력이라고 하며, 미끄러지기 직전은 최대 정지 마찰력(μ)이 됩니다. 그리고 물체가 움직이기 시작하면 운동 마찰력이 됩니다. 운동 마찰력은 최대 정지 마찰력보다 작고 일정하게 정해진 수치이기 때문에 일단 암벽화가 한 번 미끄러지기 시작하면 멈추지 않습니다.

클라이밍과 마찰력의 관계는 아래와 같습니다.

POINT 　적극적으로 밀어 누른다.

암벽화를 홀드에 누르는 힘이 강할수록 마찰력은 강해집니다. 그렇기 때문에 슬랩 클라이밍에서는 가능한 한 발에 체중을 실어야 덜 미끄러집니다.

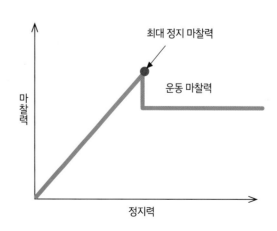

최대 정지 마찰력

운동 마찰력

마찰력

정지력

POINT 2 암벽화는 미끄러지기 시작하면 멈추지 않는다.

물체가 정지되어 있을 때의 마찰력을 정지 마찰력이라고 하며, 미끄러지기 시작한 뒤의 마찰력을 운동 마찰력이라고 합니다. 암벽화가 한 번 미끄러지기 시작하면 멈추지 않는 이유는 운동 마찰력이 정지 마찰력보다 작기 때문입니다.

POINT 3 핀포인트로 경사가 완만한 곳을 찾아낸다.

마찰력은 설치된 면적이 크든 작든 같은 물체(같은 무게)라면 바뀌지 않습니다. 당연히 암벽화는 경사각이 완만할수록 미끄러지지 않습니다. 그렇기 때문에 바위나 홀드의 요철이 있을 때는 신발의 넓은 면적으로 올려놓는 것보다 될 수 있는 한 경사가 완만한 포인트를 찾아서 암벽화를 올려놓는 편이 쉽게 미끄러지지 않습니다.

마찰계수가 같다면 닿는 면적이 바뀌어도 마찰력은 바뀌지 않습니다. 이것은 물체를 세로로 놓으면 마찰 면적은 작아지지만 면적당 하중이 높아지고, 가로로 놓으면 마찰 면적이 커지지만 면적당 하중은 줄어들기 때문입니다.

즉 암벽화를 아무렇게나 털썩 올려놓든 발끝으로 올려놓든 체중이 바뀌지 않는 한 전체적인 마찰력은 일정합니다.

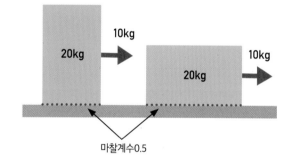

$F' = \mu N = 20kg \times 0.5 = 10kg$
F' : 최대 정지 마찰력
μ : 정지 마찰계수
N : 수직 항력(중량)

마찰계수0.5

암벽화의 닿는 면이 많게 하는 것보다 면적이 좁더라도 경사가 완만한 곳에 올려놓는 편이 미끄러지지 않습니다.
발 홀드로서 찾아야 할 곳은 바위의 주름이나 약간 패어 있는 곳, 경사가 바뀌는 부분 등입니다.

큰 면에 올려놓아야 쉽게 미끄러지지 않을 거라 생각하지만,

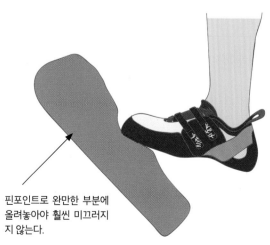

핀포인트로 완만한 부분에 올려놓아야 훨씬 미끄러지지 않는다.

스미어링과 엣징의 하이브리드 효과

암벽화 밑창의 딱딱함을 적절한 수준으로 맞추기에는 상당히 까다로워서, 너무 딱딱하면 스미어링이 나빠지고 너무 부드러우면 엣징의 성능이 떨어집니다. 그렇기 때문에 각 암벽화 회사들은 적당한 딱딱함을 맞추기 위해 노력을 기울이고 있습니다.

스멧징은 스미어링과 엣징 2개의 요소를 모두 가진 방법으로, 홀드의 모서리에 문지르듯이 올려놓습니다. 좁고 각진 홀드에 발을 올려놓을 때, 엣징을 하는 느낌으로 올려놓으면 부드러움 때문에 밑창이 어긋날 우려가 있습니다. 그때 벽 쪽으로 문질러 누르듯이 발을 올려놓으면 벽 쪽은 미끄러져서 떨어질 요소를 만들지만, 홀드의 가장자리에는 하중이 집중적으로 작용해서 버티는 힘이 증가합니다. **이것은 "마찰은 그 면적에 관계없이 강하게 밀어 눌러야 쉽게 미끄러지지 않는다"라는 사실과 "티슈풀"이라는 2개의 요소가 같이 작용하기 때문입니다.**

발 올려놓기의 예(단면도)

엣징으로는 떨어진다.

고무가 무게에 밀려서 엇갈려 떨어진다.

엣징을 대신하는 요소

암벽화에 비해 아주 작은 홀드일 경우에는 엣징을 해서 올려놓으면 고무의 변형에 의해 밀려서 떨어질 가능성이 높아집니다.

스멧징이 효과적

회전시킨다.

벽면에 밀착시킨 뒤, 문지르기와 동시에 회전시키면서 홀드에 발을 올려놓는다.

이 엣지(가장자리)에 스미어링이 들어가서 한 곳에 집중적으로 하중이 가해지기 때문에 고무가 파고들면서 마찰력이 증가한다.

스멧징에서는 암벽화의 각도를 내려서 벽에 문지름과 동시에 회전시키면서 밟습니다. 벽과 닿아 있는 부분은 아래를 향해 밀려나려고 하지만, 이 현상이 회전력과 맞물려서 고무가 홀드의 모서리에 찔릴 정도의 강한 마찰력이 작용하기 때문에 안정성이 증가합니다.

이와 같은 작용은 마찰력은 면적에 관계없이 밀어 누르면 밀어 누를수록 강해진다는 요소를 통해 만들어집니다.

스미어링을 대신하는 요소

스멧징은 스미어링을 대신하는 경우도 있습니다. 경사가 심한 홀드에 발을 올려놓을 때, 벽 쪽에서 슬라이드를 해서 발을 올려놓음으로써 아웃솔의 바깥 부분에 엣지와 같은 강한 마찰력이 생기게 할 수 있습니다.

발을 올려놓는 예(단면도)

스미어링을 하면 미끄러진다.

경사가 심한 홀드에 암벽화를 홀드면을 가로지르는 방향으로 올려놓으면 마찰력이 낮아져 미끄러질 수 있습니다.

스멧징이 효과적

벽면에 밀착시킨 뒤 암벽화를 비비면서 홀드에 발을 올려놓는다.

회전시킨다.

암벽화를 벽 쪽에 비비면서 회전시킴과 동시에 슬라이드를 하면, 아웃솔의 벽 쪽은 떠 있는 느낌이지만 그 반대쪽의 아랫부분은 밀려나서 쏟아지는 느낌이 됩니다. 그 압력으로 인해 마찰력이 늘어나서 안정성이 증가합니다. 이것은 마찰력은 면적에 관계없이 밀어 누르면 누를수록 커지기 때문입니다.

이 부분에 밀어 누르는 하중이 가해지기 때문에 마찰력이 증가한다.

chapter 2-4 풋 워크의 종류

클라이밍의 성패는 발을 올려놓는 방법에 있다.

풋 워크는 홀딩만큼 종류가 많지는 않습니다. 따라서 다양한 홀드에 대한 대처 방법이 적기 때문에 발을 올려놓는 포인트가 중요합니다. 또 클라이밍은 발에 체중을 얼마나 실을 수 있는가 하는 게임이라는 것을 잊지 마시길 바랍니다.

I 프론트 엣지

아주 작은 홀드에는 이 방법밖에 없다.

클라이밍 루트가 어려워짐에 따라 발 홀드도 작아지고 있습니다. 그렇게 되면서 가장 많이 사용하게 된 것이 프론트 엣지입니다. 프론트 엣지에는 암벽화 앞부분의 안쪽을 사용하는 인프론트와 바깥 쪽을 사용하는 아웃프론트가 있습니다.

홀드를 암벽화의 앞끝(toe)으로만 디디면 좁은 면적에서 대응하기 때문에 무브를 할 때 밀려나기 쉽고 모멘트가 너무 많이 걸려서 발에 힘이 들어가지 않습니다.

따라서 홀드에는 암벽화의 앞끝(toe)으로만 딛지 않고 암벽화 앞부분에 가까운 측면으로 딛는 것이 일반적입니다.

인프론트

아웃프론트

암벽화의 엣지에 온 신경을 집중한다.

프론트 엣지의 경우, 발 홀드에 올려놓은 발가락 전체에 집중한다는 느낌보다 엣지(가장자리) 부분을 강하게 의식하도록 합니다.

프론트 엣지는 작은 홀드에서 사용하기 때문에 가장 중요한 포인트는 벽에 가까운 부분을 어떻게 밟느냐입니다. 그렇기 때문에 엣지를 의식함으로써 중요한 포인트의 컨트롤이 가능해집니다.

그리고 엣지를 의식하면 할수록 발가락 감각 전체가 예민해집니다.

✕ 발가락 전체를 의식한다.

○ 암벽화의 엣지를 의식한다.

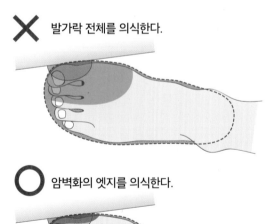

58

발가락을 구부려서 모은다.

프론트 엣지는 발가락을 구부려 힘이 가장 많이 들어가는 부분을 작은 홀드에 집중시키듯이 올려놓습니다. 왼쪽 그림처럼 발가락을 뻗은 채로 올려놓으면 오로지 엄지발가락으로만 지지해야 하지만, 발가락을 모으면 엄지발가락이 측면에서 다른 발가락의 마찰에 의한 도움을 얻을 수 있어서 지지력이 강해집니다.

게다가 발가락을 뻗는 것보다도 구부리는 것이 관절과의 거리가 짧아져서 강한 지지력을 얻을 수 있습니다. 이것은 37p의 홀드 잡기와 관련해서 손가락을 모으는 방법과 같은 원리입니다.

또 암벽화에는 턴 인이나 다운 토 같은 아주 작은 홀드에 대응하는 형태가 있는데, 발가락으로도 이 형태가 되도록 의식합시다.

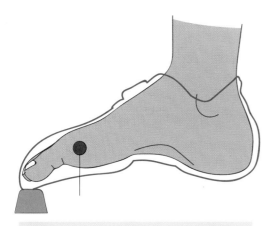

발가락을 뻗은 채로는 힘이 들어가기 어렵습니다.

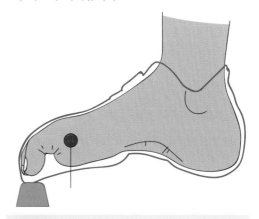

발가락을 구부려 모으면 강한 힘으로 밟을 수 있습니다.

POINT 발가락을 구부려 모아서 딛는 것이 발가락의 부담을 적게 만든다.

작은 홀드에 확실하게 힘을 걸기 위해서는 발가락을 구부려 모아서 딛는 것이 중요합니다. 아래의 계산 예에서는 발가락을 구부려 모아서 딛는 것이 25%나 유리하다는 결과를 보여 줍니다.

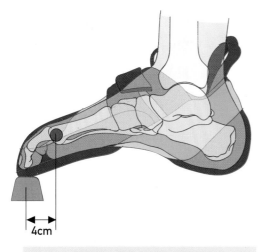

4cm

발가락 관절에 걸리는 모멘트
60kg × 4cm= 240kg · cm

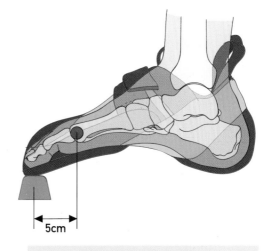

5cm

발가락 관절에 걸리는 모멘트
60kg × 5cm= 300kg · cm

2 인사이드 엣지

발을 디디는 풋 워크 중에서는 힘이 가장 많이 들어간다.

홀드에 암벽화의 인사이드로 올려놓는 것은 힘이 가장 많이 들어가는 방법입니다.

기본적으로는 발의 모지구(61p 참고)가 홀드의 가장 넓은 부분 또는 유효한 부분과 겹치듯이 올려놓습니다.

그림에 표시된 부분보다 발뒤꿈치 방향으로 올려놓으면 발바닥의 아치에 위치하게 되는데 홀드에서 미끄러져서 떨어지기 쉬워집니다. 또 모지구를 중심으로 발뒤꿈치를 들어서 동작을 취하는 섬세한 기술이 어려워집니다.

그리고 발을 그림의 위치보다 앞쪽 끝에서 올려놓으면 발뒤꿈치가 내려가게 되어서 발에 힘을 싣기 어려워지기 때문에 보다 많은 힘을 필요로 합니다.

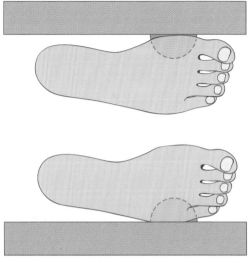

인사이드로 딛는 경우

아웃사이드로 딛는 경우

POINT 올라탄다는 것은 발뒤꿈치를 들어 올린다는 것

발 홀드에 체중을 싣기 위해서는 발뒤꿈치를 들어 올리기 쉬운 위치에 발을 올려놓아야 합니다.
또 올라탄다는 느낌보다도 발뒤꿈치를 들어 올리고 무릎을 내린다는 느낌으로 동작을 취해야 홀드에 보다 더 잘 올라탈 수 있습니다.

강하게 힘을 걸 수 있는 위치에서 밟으면 홀드에 힘차게 올라타기 쉽다.

무게 중심을 이동할 때는 허리의 위치를 이동시켜서 발에 올라타도록 한다.

무릎을 내린다.

발뒤꿈치를 든다.

모지구가 위치한 곳이 중요

　발 부위 중에서도 체중을 가장 싣기 쉬운 위치는 안쪽에서는 엄지발가락의 아랫부분(모지구)이며 바깥쪽에서는 새끼발가락의 아랫부분(소지구) 부근입니다.

　자전거의 페달을 밟을 때도 이 두 지점을 연결한 부위를 이용해 탑니다. 이것은 무의식적이지만 힘이 가장 많이 걸리는 부위입니다.

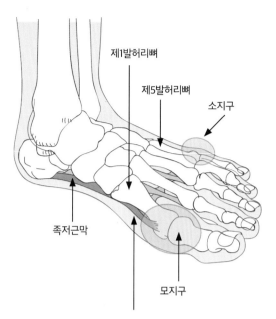

제1발허리뼈

제5발허리뼈

소지구

족저근막

모지구

발의 모지구 부분은 발허리뼈(중족골)의 끝에 있는데, 이곳은 족저근막을 통해 발뒤꿈치와 이어져 있어서 강한 힘을 유지할 수 있다.

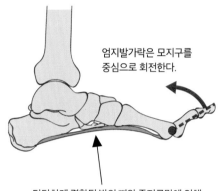

엄지발가락은 모지구를 중심으로 회전한다.

단단하게 결합된 발의 뼈와 족저근막에 의해 이 형태가 확실하게 유지된다.

POINT 홀드에 올라탈 수 있느냐 없느냐는 모지구에 달려 있다.

모지구에서 벗어난 경우
홀드에 발을 올릴 때 모지구보다 앞 부분을 올려놓으면 모지구 부분이 밑으로 내려가게 되어서 발뒤꿈치가 올라가지 않습니다. 그리고 무릎을 전방으로 밀어낼 수가 없어서 체중이 다리에 실리지 않습니다.

모지구로 올라탄 경우
홀드에 모지구 부분을 확실하게 올려놓으면 발뒤꿈치가 올라가서 무릎이 앞으로 굽혀지기 쉬워지고 체중을 실을 수 있습니다. 그러나 너무 뒤쪽에 올려놓으면 섬세한 풋 워크를 할 수 없습니다.

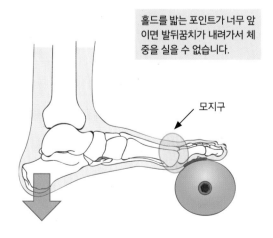

홀드를 밟는 포인트가 너무 앞이면 발뒤꿈치가 내려가서 체중을 실을 수 없습니다.

모지구

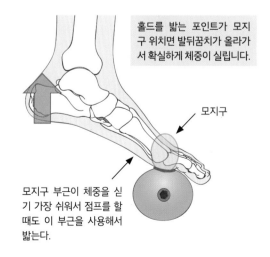

홀드를 밟는 포인트가 모지구 위치면 발뒤꿈치가 올라가서 확실하게 체중이 실립니다.

모지구

모지구 부근이 체중을 싣기 가장 쉬워서 점프를 할 때도 이 부근을 사용해서 밟는다.

무브를 자유롭게 구사하는 풋 워크

　정확히 모지구의 반대쪽에 있는 소지구를 이용해서 홀드에 올라타는 것이 아웃사이드 엣지입니다. 홀드가 작을 때나 발에 힘을 넣고 싶을 때는, 새끼발가락 쪽으로 물체를 잡는다는 생각으로 발가락을 꽉 움츠리는 느낌을 만들면 강한 지지력을 얻을 수 있습니다.

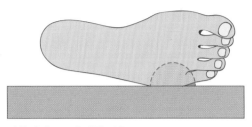

아웃사이드로 올라탈 경우

POINT 　새끼발가락 쪽에서 비틀림을 만들어 낸다.

인사이드 엣지는 고관절의 유연성이 없으면 허리를 벽에 붙여서 다리에 체중을 싣는 움직임을 하기가 어렵습니다. 하지만 아웃사이드 엣지는 몸의 구조상 허리를 벽에 붙이기 쉽기 때문에, 이 특성을 이용해서 다리에 체중을 잘 전달할 수 있습니다.
그리고 이 경우에도 다리를 바깥쪽으로 끌어들여 체중이 벽 쪽으로 기울여지도록 의식하는 것이 중요합니다. 또 발뒤꿈치를 들어서 동작을 취해야 발에 체중을 싣기 쉬워집니다.

가벼운 드롭니 자세에서의
아웃사이드 엣지

카운터 밸런스에서의 아웃사이드 엣지

4 백스텝

홀드를 밟기 전에 눈으로 확인하는 것이 원칙

백스텝은 작용·반작용을 구성하기 위해 디딤발과 한 쌍으로 사용합니다. 무브 도중에는 확인하기 어려운 등 쪽에 위치하기 때문에, 홀드에 올려놓기 전에 발의 위치를 확실하게 확인해 두는 것이 중요합니다.

뒤쪽은 잘 보이지 않기 때문에 홀드에 올려놓기 전에 잘 확인해 둔다.

5 포켓

섬세한 풋 워크가 필요한 포켓홀드

발 홀드에 암벽화의 발 끝을 사용하는 일은 드물지만, 포켓홀드에 발을 넣을 때는 대부분 발 끝을 사용합니다.

암벽화의 발 끝 부분이 포켓에 타이트하게 들어가 있는 경우에는 몸을 들면 발의 각도가 바뀌어서 밀려날 가능성이 있기 때문에 주의가 필요합니다. 반대로 포켓이 큰 경우에는 단순히 발만 넣는 것이 아니라, 재밍처럼 암벽화를 비틀어서 고정시키는 것이 효과적인 경우가 있습니다. 또 클라이밍 홀드 중에서는 포켓에 넣는 것보다도 포켓 위에 올려놓는 것이 더 효과적인 경우도 있습니다.

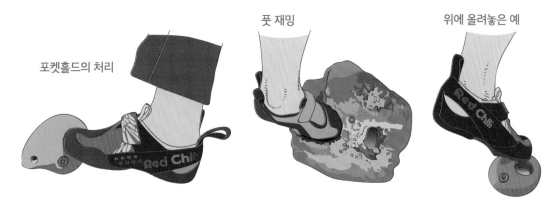

포켓홀드의 처리

풋 재밍

위에 올려놓은 예

지칠 줄 모르는 제3의 손

발을 홀드에 걸고 잡아당기는 듯한 훅 무브는 어느 정도의 체중을 확실하게 떠맡아 주기 때문에 손의 부담을 덜 수 있습니다. 궁극적으로 클라이밍은 홀드를 끌어당길 수 없으면 올라갈 수가 없고, 손이 홀드를 잡고 있을 수 없으면 떨어질 수밖에 없습니다. 결국 홀드를 잡는 것도 잡아당기는 것도 위쪽에서 아래쪽으로 힘을 주는 것입니다.

카운터 밸런스는 최적의 밸런스 상태가 되지만, 체중을 끌어당기거나 지탱하기 위해서는 손에 부담이 가해집니다.

하이스텝은 몸을 밀어 올리고 드롭니는 체중의 일정량을 부담하는데, 그러한 움직임들은 손의 부담을 줄이는 보조적인 역할 위주로 합니다.

그에 반해 **훅은 위에서 아래쪽으로 끌어당기는 동작이기 때문에 제3의 손이라고 할 수 있습니다.** 그리고 이 손은 펌핑이 되지 않습니다. 즉 훅은 손의 부담을 가장 많이 덜 수 있는 요소를 가지고 있습니다.

훅이야말로 최강의 무브, 그것은 모멘트 제로의 세계

클라이밍의 무브는 몸이 회전하지 않도록 하는 것이 중요합니다. **훅 무브는 손과 훅이라는 두 받침점을 통해 대응하기 때문에 회전이 생기지 않습니다.**

게다가 발은 지치지 않기 때문에 훅은 물리적으로도 운동생리학적으로도 최강의 무브입니다.

물리적 요소와 무브의 구성 요소

몸을 위쪽과 아래쪽 두 받침점을 통해 지탱하면 몸의 회전(모멘트)이 생기지 않기 때문에 안정된 자세를 유지할 수 있습니다.

손의 부담이 적은 무브

부담 큼

No.4 │ 카운터 밸런스 │ 최적의 밸런스에서는 벽이 앞으로 기울어진 정도에 따라 부담률이 바뀐다.

No.3 │ 하이스텝 │ 발에 올라타서 손의 부담을 덜 수 있다.

No.2 │ 드롭니, 트위스트락 │ 양발을 좌우로 대고 버티면서 얻는 지지력이 있다.

부담 적음

No.1 │ 힐 훅 │ 위쪽 방향에서 다리를 이용해 끌어당기는, 손에 부담이 가장 적은 무브

(1) 힐 훅

가장 두드러지는 장점은 체중을 끌어 올린다는 점

혹킹 중에서도 발의 힘을 최대한 이용할 수 있는 것이 힐 훅입니다. 클라이밍의 대부분의 무브에서 발은 허리 아래의 위치에서 움직이며 몸을 밀어 올리는 역할을 합니다. 그러나 기울어진 벽에서는 발로 누르는 것만으로는 몸을 벽에 가깝게 할 수 없기 때문에 불가피하게 손으로 홀드를 유지해야 하며, 그 결과 손이 지치기도 합니다.

힐 훅은 발을 허리보다 위로 올린 다음, 그 발을 끌어 내림으로써 몸이 올라가는 무브입니다.

인간의 무게 중심은 배꼽 주변에 있으며 그 무게 중심보다 다리를 위로 올림으로써 몸을 끌어 올리는 움직임이 됩니다. 즉 손과 같은 역할을 하는 것입니다. 바꿔 말하자면 힐 훅은 제3의 손이며 이 손은 펌핑되지 않습니다. 그렇기 때문에 힐 훅은 클라이밍에서는 가장 효율적인 무브라고 할 수 있습니다.

무브는 무게 중심을 경계로 당기는 것과 미는 것의 역할이 바뀐다.

클라이밍에서 일반적으로 무게 중심보다 위에 있는 손은 당기는 움직임을 하고, 무게 중심보다 아래에 있는 발은 미는 움직임을 합니다.

그렇기 때문에 발로 체중을 밀어 올리는 움직임은 가능해도 무게 중심보다 위에 위치한 손이 홀드를 잡지 않으면 몸이 안정적일 수 없습니다.

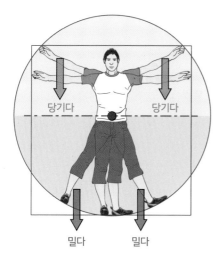

무게 중심보다 위에 있는 이 영역에 손발이 있으면 당기는 움직임이 된다.

무게 중심

무게 중심보다 아래에 있는 이 영역에 손발이 있으면 미는 움직임이 된다.

당기다

밀다　무게 중심

POINT 힐 훅은 제3의 손

오버행 클라이밍은 무게 중심보다 위에 당기는 요소가 없으면 몸이 안정되지 않습니다.
힐 훅은 몸의 무게 중심보다 위에 발을 올리는 무브이기 때문에 발이 손과 마찬가지로 몸을 끌어 올리는 요소가 됩니다. 게다가 몸이 안정되어서 지치지 않습니다. 즉 클라이밍에서는 가장 효과적인 무브 중 하나입니다.

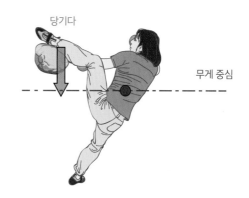

당기다

무게 중심

힐 훅은 허리에서 올라간다.

힐 훅은 암벽화의 발뒤꿈치를 발 홀드에 걸어서 몸을 들어 올리는 무브입니다. 이때 다리의 힘을 최대한 이용하기 위해 다음 사항에 유의합시다.

(a) 힐을 건 발 쪽으로 무게 중심을 가져갑니다.
(b) 허리를 확실히 올린 후에 다음 홀드를 잡으러 갑니다. 먼저 손을 뻗으면 허리가 내려가서 손에 부담이 가해집니다.
(c) 최종적으로는 손으로 당기지 않고 어깨로 올라가면(왼손) 반작용으로 몸에 회전이 생겨서 당기는 손(오른손)에 당기는 요소가 생깁니다.

허리에서 몸을 들어 올리면 발에 체중이 잘 실린다.

진행 방향에 따라 훅의 위치를 바꾼다.

힐 훅은 진행 방향에 따라 발뒤꿈치를 거는 위치를 조정합니다.

상체 쪽으로 올라갈 때는 바로 아래 혹은 아래의 안쪽 부분을 걸고, 몸을 움츠리면서 허리에서 틀면서 올라갑니다.

하체 쪽으로 올라갈 때는 발을 약간 바깥쪽으로 걸면 무릎이 방해가 되지 않고 확실하게 올라탈 수 있습니다.

하체 쪽으로 갈 때
바로 아래의 바깥쪽으로 걸어서 허리부터 들어 올려 올라탄다.

상체 쪽으로 갈 때
바로 아래의 안쪽으로 걸어서 허리를 틀어 올라간다.

바깥쪽으로 거는 것과 안쪽으로 거는 것을 구분해서 사용한다.

힐 훅을 걸 때 '손과 발 바꾸기' 무브를 이용해서 걸 때가 있습니다. 이때 손의 바깥쪽에서 거는 경우와 안쪽에서 거는 경우가 있습니다. 안쪽에서 걸어야 무게 중심이 안으로 들어가서 안정되는 케이스가 많은데, 이것은 몸의 유연성을 필요로 합니다.

또 작은 홀드에서는 컵 잡기(137p 참고)를 이용해서 거는 경우도 있습니다.

바깥쪽에서 건다.

안쪽에서 건다.

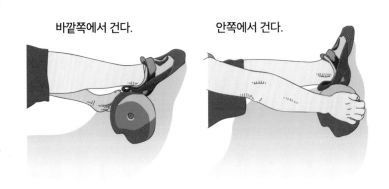

(2) 토 훅

발끝을 올린다는 느낌으로 컨트롤한다.

이 동작은 발끝(토)보다는 발등 부분으로 홀드나 벽을 훅킹합니다.

발끝을 올리는 근육(정강이 부분의 전경골근)은 강한 근육이 아니기 때문에, 발 전체로 발등을 들어 올린다는 느낌으로 당깁니다. 그때 다리가 꺾여 있으면 홀드를 당기기 어렵기 때문에, 다리를 뻗어서 상체 전체를 쓰러뜨린다는 느낌으로 당기면 훅이 잘 걸리게 됩니다.

이 무브는 암벽화의 모양이나 발등에 있는 고무의 범위에 따라 효율성이 좌우되는 경우가 많기 때문에, 효과적으로 사용하고 싶을 경우에는 암벽화나 발등의 고무를 잘 선택할 필요가 있습니다.

배트행(bat hang)
(양발 토 훅)

(3) 사이드 훅

① 인사이드 훅

가볍게 측면을 대서 몸의 안정을 도모한다.

암벽화의 안쪽을 걸어서 당기는 방법으로, 코너나 세로 형태의 홀드에 사용합니다. 적극적으로 끌어당긴다기보다는 몸의 밸런스를 잡을 때 사용하는 경우가 더 많습니다.

이 훅 워크는 훅을 건 발 단독으로는 성립되지 않습니다. 또 반대 발은 훅을 건 발과 거리가 가까워야 더 안정적입니다.

인사이드 훅

② 아웃사이드 훅

의외로 높은 지탱력

강한 오버행에서 벽이나 홀드가 선반 형태로 되어 있다면 아웃사이드 훅을 사용하는 것이 효과적입니다.

그림과 같은 형태일 경우에는 힐 훅도 사용할 수 있습니다. 그러나 하체의 구조상 힐 훅은 허리가 내려가기 쉬운 자세가 되는데, 아웃사이드 훅은 몸의 측면으로 비틀면서 몸통의 힘을 유지할 수 있기 때문에 심한 오버행에서 사용할 수 있는 방법입니다.

(4) 오퍼지션 계통의 훅

심한 오버행에서는 상당히 많이 사용한다.

심한 오버행이나 루프에 있는 홀드는 전체적으로 볼륨이 있기 때문에, 발로 홀드를 고정하거나 반대 방향으로 밀어 누르는 풋 워크의 이용 빈도가 높아집니다.

① 발끝으로 홀드에 고정한다.

양발의 발끝으로 홀드에 고정하는 풋 워크입니다. 발로 고정하고자 하는 홀드는 서로 같은 홀드도 가능하고 다른 홀드라도 가능하지만, 발 위치가 가까워야 더 안정적입니다.

② 발등&힐

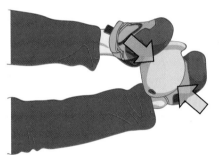

한쪽 발은 발뒤꿈치를, 다른 한쪽은 발등 부분을 사용해서 홀드를 고정하는 방법입니다.

당연히 위쪽에 있는 발이 힐이고 아래쪽에 있는 발이 발등 부분이 됩니다. 이 풋 워크는 비교적 큰 홀드가 아니라면 사용할 수 없습니다.

③ 발등&발바닥(아웃솔)

한쪽 발은 발등을, 다른 한쪽 발은 발바닥을 사용해서 작용·반작용의 안정된 힘을 얻습니다. 이 풋 워크는 위치가 다른 홀드 간에 사용할 수 있는데 하나의 홀드에서는 사용이 불가능합니다.

④ 힐&토

2개의 홀드 사이의 빈틈에 발을 넣어서 지지력을 얻는 방법입니다. 사용할 만한 장소를 찾아내는 것은 어렵지만 사용할 수만 있다면 상당히 높은 지지력을 얻을 수 있습니다.

하지만 발을 집어넣은 채로 떨어지면 상체부터 떨어지게 되어서 위험하기 때문에 고정을 풀 때에 유의해서 사용합시다.

7 발 바꾸기

클라이밍 도중에 의외로 발 바꾸기가 많이 필요하다.

일상생활에서 발을 바꿔 올려놓는 일은 거의 없습니다. 그러나 클라이밍 도중에는 종종 사용합니다. 이것은 발을 디딜 곳이 발 홀드 위라는 한정된 공간이기 때문입니다.

발 바꾸기에는 올려져 있는 발을 옆으로 슬라이드시키면서 다음 발을 미끄러뜨리는 방법과 밟고 있는 발을 빼면서 위에서 다음 발을 떨어뜨리는 방법이 있습니다. 특히 2번째 방법인 **발을 겹쳐서 밑에 있는 발을 빼는 방법이 정통적인 방법입니다.** 마치 중간에 있는 블록을 빼낸 뒤, 위에서 다음 블록을 떨어뜨리면서 착지시키는 이미지를 떠올리면 됩니다.

이때 동작을 크게 하면 그 반동으로 발이 미끄러져 떨어지거나 작은 발 홀드에 대처할 수 없기 때문에, 위의 발을 아주 가까운 위치까지 간격을 좁혀 온 뒤에 재빨리 밑의 발을 빼야 합니다.

밑의 발을 뺄 때는 조금 빠르게 움직이지 않으면 위의 발과 같이 밀려나게 돼서 떨어질 가능성이 있습니다.

발 바꾸기에서는 손을 멀리 두는 것이 정석

발을 바꿔 올려놓을 때, 당연히 발은 같은 장소에 오게 됩니다. 만약 양손도 같은 위치이거나 가까운 곳에 있는 경우에는 몸이 회전되기 쉬워서 밸런스가 굉장히 나빠집니다. 그렇기 때문에 **발 바꿔 올려놓기는 좌우의 손이 될 수 있는 최대한 떨어져 있도록 잡고 있는 것이 원칙입니다.**

발 바꾸기는 무게 중심의 위치가 중요

발 바꿔 올려놓기를 할 때는 발이 모여 있습니다. 그때 손으로 잡고 있는 홀드가 안 좋을 경우에는 **될 수 있는 한 무게 중심을 중앙으로 가져와서 발에 체중을 실으면서 바꿔 올려놓습니다.**

힐 훅의 교체 등으로 무게 중심을 중앙으로 가지고 올 수 없는 상태에서 발 바꿔 올려놓기를 할 경우에는 밸런스가 흐트러지지 않도록 주의하면서 수행합니다.

재밍

크랙은 심플하더라도 재밍은 복잡

크랙 클라이밍은 손과 발 모두 재밍(채워 넣기)이라는 독특한 기법을 사용합니다. **재밍의 기본적인 기법은 크랙의 폭에 맞춰 구부려 부풀리거나 비틀면서 얻을 수 있는 반력을 떠받치는 힘으로 삼는 것입니다.** 그렇기 때문에 같은 크랙이라도 개인의 손발 사이즈에 따라 적용 방법이 달라집니다.

순수한 크랙 클라이밍은 규칙적으로 양쪽의 손발을 사용합니다. 양쪽 손발 중 하나가 이동하고 있을 때, 남은 세 점은 체중을 떠받치고 있습니다. 이 무브에서도 기본은 발로 체중을 부담하는 것입니다. 그리고 일반적인 패턴의 클라이밍보다 손발의 협응이 더 필요합니다.

원래의 크랙 클라이밍은 캠(cams)이나 너츠(nuts)를 사용해 확보물(프로텍션)을 사용하는 기술도 함께 습득하는 것이 필연적인데, 여기에서는 가장 기본적인 재밍 방법을 소개합니다. 재밍은 지식보다도 경험에 의한 부분이 크기 때문에 재밍을 습득하기 위해서는 실전이 중요합니다.

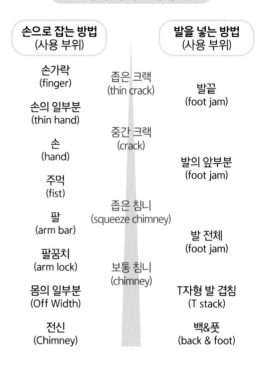

크랙의 사이즈와 무브

손으로 잡는 방법 (사용 부위)		발을 넣는 방법 (사용 부위)
손가락 (finger)	좁은 크랙 (thin crack)	발끝 (foot jam)
손의 일부분 (thin hand)		
손 (hand)	중간 크랙 (crack)	발의 앞부분 (foot jam)
주먹 (fist)		
팔 (arm bar)	좁은 침니 (squeeze chimney)	발 전체 (foot jam)
팔꿈치 (arm lock)		
몸의 일부분 (Off Width)	보통 침니 (chimney)	T자형 발 겹침 (T stack)
전신 (Chimney)		백&풋 (back & foot)

※ 침니: 암벽 등반에서 세로 방향으로 갈라진 바위 틈새를 말한다.

핸드 재밍

I 손바닥 재밍

손바닥 두께보다 조금 넓은 정도의 크랙에 사용하는 방법으로, 이 정도 크랙이 가장 기본적인 사이즈입니다. 그림에서는 **손가락 끝과 엄지손가락에 붙어 있는 모지구를 부풀린 부분이 왼쪽 벽을, 손등이 오른쪽 벽을 미는 느낌으로 반력을 만듭니다.** 그런데 사이즈가 너무 작은 경우에는 손바닥 쪽으로 엄지손가락을 굽혀서 부풀림을 크게 만듭니다.

벽을 올라갈 경우에는 이 재밍 동작을 취하고 있는 좌우의 손을 번갈아 뻗어 나갑니다. 크랙의 경사나 재밍이 들어간 정도에 따라 위쪽에 있는 손은 새끼손가락을 위쪽(언더그립)으로 해서 나아갈 때도 있습니다.

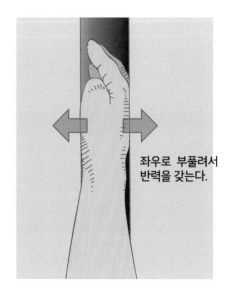

좌우로 부풀려서 반력을 갖는다.

2 손끝 재밍

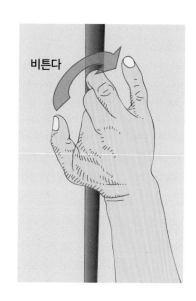

가장 좁은 크랙에는 새끼손가락을 사용하는 핑키 재밍 (pinkie jamming)을 사용합니다. 이것은 새끼손가락의 제 2관절을 크랙 안에서 고정시키는 느낌입니다. 다음은 팁 록 (tip lock)으로 각각의 손톱 길이 정도밖에 들어가지 않습니다. 이때는 오버그립과 언더그립으로 손을 사용할 수 있고, 홀드를 크림프처럼 잡습니다. 손가락까지 넣는 것이 그림과 같은 핑키 재밍인데, 반대 방향으로 회전시키면 재밍하기가 더 쉬워져 자주 사용합니다. 크랙 안에 굵은 부분과 얇은 부분이 있을 때는 손가락 관절을 보터밍(bottoming: 너트 확보물과 유사한 원리. 크랙의 잘록해지는 부분에서 손의 형태를 부풀려 지지력을 만드는 기술)하는 느낌으로 기술을 사용하는 것이 비결입니다.

3 손가락 회전 재밍

손가락은 들어가지만 손바닥이 들어가지 않는 어중간한 사이즈입니다. 이 경우, 손가락의 굴곡 이외에 손바닥을 회전시켜 지지력을 얻습니다. 엄지손가락의 안쪽은 짝힘을 만드는 중요한 요소입니다.

위쪽 손은 엄지손가락이 아래로 향하도록 만들고, 아래쪽 손은 엄지손가락이 위로 향하도록 자세를 잡아서 손을 크로스하지 않고 사용하는 손기술입니다.

이 경우의 추진력은 풋 재밍을 한 발에서 얻게 되며, 손은 몸이 이탈되는 것을 막아 주는 역할을 합니다.

4 손가락 캠 재밍

바깥쪽   안쪽에서 본 그림

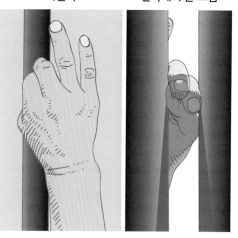

손가락 재밍 중에서 약간 넓은 사이즈입니다. 이때는 썸 캠 (thumb cam) 또는 링 록(ring lock)이라 불리는 방법을 취합니다. 기본적으로는 엄지손가락 손톱 위에 검지손가락과 중지 손가락의 안쪽을 겹치는 느낌이고 각각의 손가락은 제2관절 정도밖에 들어가지 않으며, 이것을 캠(cam)처럼 만들어서 비틀면서 나아갑니다. 손은 보내기 무브에서도 유효하고 크로스 (cross)에서도 유효하기 때문에 그때그때 사용하기 편리한 방법을 취합니다. 물론 보터밍이나 크랙의 엣지에서 걸 수 있는 곳에 사용합니다.

5 주먹 재밍

손을 쥐어서 주먹 모양으로 만든 다음 크랙 안에 넣어서 고정(stucking)시킵니다. 손가락을 쥐지 않은 상태에서 안으로 넣은 뒤 주먹을 꽉 쥐면 크랙에 들어맞게 되는데, 이때 크랙의 잘록한 부분에 보터밍을 하는 것이 기본입니다.

엄지손가락을 안에 넣어서 쥐는 것이 정석인데 주먹의 폭이 좁은 경우에는 엄지손가락을 밖으로 빼서 폭을 조절합니다.

주먹을 이용해서 나아갈 경우에는 손을 오버핸드로 교차해서 진행하기도 하지만, 아래에 있는 손을 언더핸드로 만들면 크로스를 길게 취할 수도 있습니다.

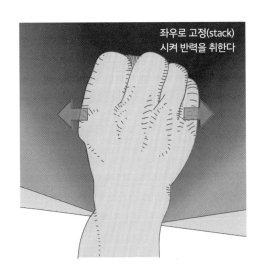

좌우로 고정(stack) 시켜 반력을 취한다

6 손 겹치기(리비테이션 hand stacking)

크랙의 사이즈가 주먹을 넘으면 한 손만으로는 헐렁해지기 때문에 양손을 겹쳐서 넣는 방법을 이용합니다. 이때 겹치는 방법은 편 상태의 손과 반대쪽 손, 편 상태의 손과 반대쪽 주먹, 주먹과 주먹 등 다양합니다.

문제는 손을 번갈아 뻗을 수 없기 때문에 이동하기 위해서는 발 기술을 잘 구사할 필요가 있습니다. 또 두 손등을 맞대고 손가락을 움직여 조금씩 위로 올라가는 방법도 있는데, 기본적으로는 하나의 지점만을 정해서 몸을 끌어 올리는 데에 사용됩니다. 리비테이션이라는 명칭은 란디·리비트가 고안해 냈기 때문에 지어졌다고 알려져 있습니다.

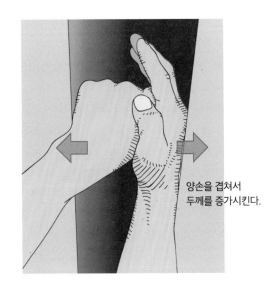

양손을 겹쳐서 두께를 증가시킨다.

7 팔 재밍(암 록)

몸통의 절반도 들어가지 않는 좁은 침니 사이즈에서는 암 록을 사용합니다. 이것은 팔꿈치를 굽혀서 뒤에 있는 어깨와 앞에 있는 손바닥으로 짝힘을 취하는 방법입니다. 다른 한쪽 손은 엄지가 아래를 향한 언더핸드 형태로 크랙의 가장자리를 밀어 안정적으로 푸시하면서 몸을 밀어 올리는 데에 사용합니다. 이 무브에서 몸은 다리를 굽히고 펴는 것에 의존해 이동합니다.

또 이보다 조금 얇은 크랙에서는 암 바가 됩니다.

닭 날개 같은 모양이라서 치킨 윙이라고도 한다.

비튼다.

chapter 2-7 풋 재밍

크랙에서의 추진력은 손보다도 발이 효과적입니다. 몸 전체는 자벌레처럼 언뜻 보기에 단조로운 움직임을 반복합니다. 손은 몸이 뒤쪽으로 쓰러지지 않도록 지탱하고 전진하기 위한 힘으로는 다리 힘을 이용하는 것이 원칙입니다.

1 풋 재밍

풋 재밍의 기본은 새끼발가락을 밑으로 해서 다리를 넣고 안쪽으로 비틀면서 캠(cam)과 같은 상태가 되면서 떠받치는 힘을 얻는 것입니다.

암벽화가 들어가지 않는 정도의 크랙에서는 크랙 주변에 엣징이나 스미어링을 사용할 수 있는 발 홀드를 찾는데, 그것이 없는 경우에는 발끝을 크랙의 가장자리에 밀어 넣듯이 해 떠받치는 힘을 얻습니다.

반대로 폭이 넓은 크랙(스퀴즈 침니 정도)에서는 암벽화를 가로 방향으로 넣어서 힐과 토(발끝과 발뒤꿈치)로 고정(stack)시켜서 올라갑니다.

풋 재밍은 발을 바위에 집어넣기 때문에 잘못하면 발에 고통이 따릅니다. 그러므로 조금 큰 암벽화를 신는 편이 무난합니다.

2 T자형 발 겹침

크랙 안에 다리를 가로로 넣어도 고정되지 않는 경우에는 T발 겹침을 사용합니다. 이것은 다리를 겹쳐서 풋 재밍을 하는 방법으로, 한쪽 발은 세로 방향으로, 다른 한쪽 발은 가로 방향으로 위치시킵니다. 이 재밍에서는 발을 번갈아 올릴 수 없기 때문에 손으로 지탱하는 힘을 얻은 순간에 발을 끌어 올립니다.

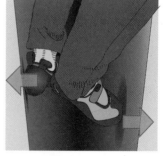

발을 T 모양으로 위치시킨 뒤, 앞뒤로 대고 버틴다.

3 백&풋

크랙 사이즈가 커서 전신이 쉽게 들어간다면 백&풋이라는 무브를 이용해서 올라갑니다. 이 정도 사이즈에서는 손은 대고 버티는 것만으로는 힘이 소모되지 않지만, 재밍과 같이 확보 기술을 할 수 없다는 점에서 또 다른 어려움이 있습니다.

전신을 크랙 안에 넣은 뒤 전신의 각 부위를 이용해서 앞뒤로 대고 버티는 백&풋

COLUMN

일상생활과 무브

클라이밍 무브는 클라이밍을 할 때의 특별한 움직임을 말하는데, 이와 비슷한 동작은 일상생활에서도 쉽게 볼 수 있습니다.

예를 들면 책상 위에 놓인 메모지를 뗄 때, 메모지의 위치가 책상의 가장자리에서 떨어져 있을 때는 자연스럽게 허리를 뒤로 구부려 상체와 하체의 밸런스를 잡은 자세로 손을 뻗습니다. 허리의 위치를 그대로 두고 손을 뻗으면 밸런스가 무너지기 때문에 책상에 손을 대지 않으면 손을 뻗을 수 없습니다. 또 물건이 놓여 있는 장소가 먼 경우에는 자연스럽게 다리를 뒤로 내민 형태로 손을 뻗습니다. 이는 클라이밍에서의 카운터 밸런스와 같습니다.

그렇다면 왜 초보자가 클라이밍에서는 곧바로 이러한 밸런스 무브를 할 수가 없는 걸까요? 그 이유 중 하나는 클라이밍이 일상생활과는 다르며, 떨어질 우려가 있는 벽에서 이루어지기 때문에 심리적으로 평소와 같지 않다는 것입니다. 그렇기 때문에 숙련된 클라이머는 평소에도 쉽게 카운터 밸런스 상태를 만듭니다.

즉 클라이밍에는 익숙함이라는 요소가 필요합니다. 동작을 반복할 때마다 난이도가 높은 밸런스를 만드는 것이 가능해집니다.

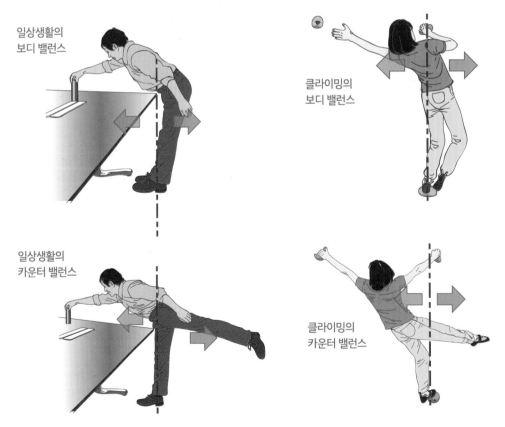

일상생활의
보디 밸런스

클라이밍의
보디 밸런스

일상생활의
카운터 밸런스

클라이밍의
카운터 밸런스

Chapter **3**

무브

1 무브의 기초 지식

2 카운터 밸런스 계통

3 훅 계통

4 올라타기 계통

5 오퍼지션 계통

6 동적 무브 계통

7 클라이밍 동작의 순서

무브는 대표적인 클라이밍 테크닉입니다. 이번 챕터에서는 물리적인 요소에 따라 무브를 분류하고 그 적용 방법을 설명합니다. 또 무브에 대한 이해를 높이고 응용력을 갖기 위해 무브가 이루어지는 과정을 상세하게 설명합니다.

무브의 기초 지식

무브가 이루어지는 과정을 이해하고 움직임의 기본을 알아본다.

클라이밍은 홀드를 이용해 기어 올라가는 스포츠인데, 불필요한 힘을 사용하지 않고 효율적으로 움직임으로써 어려운 루트를 올라갈 수 있습니다. 이번 챕터에서는 무브의 종류와 유용한 움직임에 대해 설명합니다.

1 무브의 이해: 중력과 밸런스, 사다리 오르기

밸런스를 무너뜨리면서 이동한다.

사람이 움직일 때는 무게 중심이 이동합니다. 한쪽 다리로 서더라도 무게 중심이 이동하지 않는다면 안정되겠지만, 그런 상태로는 앞으로 나아갈 수 없습니다. 때문에 앞쪽으로 걸을 때는 발을 들어서 무게 중심을 앞으로 이동합니다. 그때는 앞으로 쓰러지듯이 밸런스가 무너지는 상태가 되는데, 거기서 곧바로 발을 한 발짝 나아가서 몸을 지탱합니다. 이 움직임을 좌우 번갈아 연속으로 하는 것이 바로 걷기입니다.

즉 **사람의 움직임은 밸런스를 연속으로 무너뜨리면서 이루어집니다.** 다만 걷거나 달리기는 같은 동작을 반복하기 때문에 밸런스가 나쁘다고 느끼지 않는 것입니다.

걷기는 밸런스를 연속으로 무너뜨리면서 이루어진다.

언밸런스의 원인은 중력

그렇다면 경사가 심한 벽을 오르는 클라이밍은 어떨까요? 일단 밸런스가 무너진다는 것은 중력에 의해 몸의 평형이 흐트러지는 것입니다.

클라이밍에서 홀드는 간격도 크기도 배치도 제각각입니다. 그리고 오버행에서는 한 동작마다 뒤쪽으로 젖혀지게 되는 모멘트(회전력)가 생깁니다. 그러니 원래 클라이밍에서의 움직임이란 밸런스가 깨지는 것입니다.

그리고 **무브는 그러한 언밸런스한 상태를 보정하는 움직임이라고 말할 수 있습니다.**

클라이밍은 한 번씩 움직일 때마다 복잡한 밸런스 보정이 필요한 운동

클라이밍의 기본은 사다리 오르기

클라이밍을 보다 단순한 동작으로 생각하면 바로 사다리 오르기입니다.

경사가 완만한 사다리는 발힘을 최대한 이용합니다. 그리고 손은 발이 힘을 주기 쉬운 방향으로 이끄는 역할을 합니다.

경사가 강한 사다리를 오를 때, 무게 중심을 한가운데에 두면 몸이 회전하는 요소가 적어지기 때문에 밸런스 상태도 좋고 손의 힘을 최소한으로 사용하여 오를 수 있습니다.

사다리 오르기는 단순한 동작을 반복하는 클라이밍의 움직임을 나타내는 대표적인 예다.

가장 좋은 밸런스를 만드는 것이 클라이밍

오버행일 경우에는 밸런스를 좋게 만들더라도 손의 부담은 없어지지 않습니다. 그러나 가장 좋은 밸런스를 만들었을 경우에 발에 실리는 부하를 제외한 나머지 체중을 잘 유지할 수 있다면 몸의 회전에 저항하기 위해 불필요한 힘을 사용할 필요가 없습니다. 이렇듯 클라이밍은 이 최적의 밸런스 상태를 목표로 합니다.

최적의 밸런스 상태에서의 부담률(오버행)

오버행에서 손에 부담이 얼마나 가해지는가 하는 것을 계산했습니다.

인간의 무게 중심의 위치는 키를 기준으로 한가운데보다 약간 위쪽입니다(신장이 100cm라면 55cm 부근). 그리고 몸을 지탱하는 팔 위에 '머리'가 있기 때문에 **발보다도 팔이 담당하는 부하가 커집니다.**

게다가 몸의 각도는 경사진 벽에서 팔의 길이만큼 커지며, 그것도 팔에 하중이 가해지는 요인이 됩니다. 아래의 그림은 체중이 50kg인 클라이머가 벽에 매달려 있을 때 벽의 경사에 따라 손이 부담하게 되는 중량입니다. 오버행의 각도가 45°라면 체중의 반 이상을 손이 부담해야 합니다.

※ 이것은 물리적인 데이터이기 때문에 잡고 있는 홀드의 형태나 각도에 따라 실제 부하는 조금씩 달라집니다.

오버행의 각도에 따라 체중이 50kg인 클라이머의 손에 부담이 얼마나 가해지는지 측정했습니다.

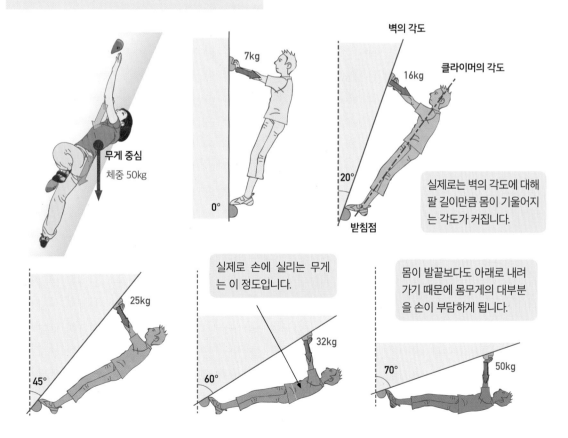

무게 중심
체중 50kg

7kg
0°

벽의 각도
클라이머의 각도
16kg
20°
받침점

실제로는 벽의 각도에 대해 팔 길이만큼 몸이 기울어지는 각도가 커집니다.

25kg
45°

실제로 손에 실리는 무게는 이 정도입니다.

32kg
60°

몸이 발끝보다도 아래로 내려가기 때문에 몸무게의 대부분을 손이 부담하게 됩니다.

70°
50kg

카운터 밸런스 계통

밸런스를 잡는 법을 완벽하게 익히면 클라이밍을 정복할 수 있다.

카운터 밸런스는 클라이밍에서는 가장 기본적인 무브입니다. 또한 몸의 밸런스 상태를 최적화하는 무브이기도 합니다.

오버행인 벽에서는 양발을 발 홀드에 올리고 왼손으로 홀드를 잡은 자세에서 오른손을 뻗으면 몸이 왼쪽으로 회전하게 되어서 다음 홀드를 잡으러 가는 것이 어려워집니다. 이 경우, 홀드를 왼손으로 잡은 채로 오른발만 홀드에 올려놓은 다음, 왼발을 바깥으로 뻗으면 밸런스가 맞아져서 몸이 회전하지 않고 오른손으로 다음 홀드를 잡을 수 있습니다.

평행하게 잡으면 회전하게 된다.

오버행에서 왼손과 왼발로 홀드를 잡으면 몸이 회전하게 됩니다. 회전하지 않기 위해 왼손의 악력만으로 버티려고 하면 굉장히 많은 힘이 필요합니다.

대각으로 잡으면 회전하지 않는다.

왼손과 오른발을 같이 사용하여 홀드를 제어해 몸의 좌우 무게를 균등하게 만들면 몸이 회전하지 않아서 다음 홀드를 편하게 잡을 수 있습니다.

이 손으로만 회전을 버텨야만 해서 대단히 많은 힘을 필요로 한다.

왼손

회전한다

오른발

왼발(받침점)

회전하지 않기 때문에 체중만큼만 힘을 필요로 한다.

왼손

정지한다

오른발(받침점)

균형인형과 같이 좌우가 균등하면 밸런스는 안정된다.

(원서에서는 막대 위 끝에 T형으로 가로대를 대고, 그 가로대 양끝에 추를 매달아 좌우가 균형을 이뤄 막대가 넘어지지 않도록 한 일본의 장난감 중 하나를 빗대어서 표현하였으나 본서에서는 균형인형으로 풀이함-감수자)

이렇게 받침점에 대해 좌우 균등하게 중량을 배분하는 무브를 카운터 밸런스라고 합니다. 발 홀드에 올려놓은 발을 중심으로 균형인형과 같이 좌우가 균등한 상태가 되기 때문에 몸이 회전하지 않습니다.

그리고 물리적으로는 회전 모멘트가 발생하지 않은 상태가 됩니다. 그렇기 때문에 홀드를 잡고 있는 손이 회전력에 대항할 필요가 없고, 발이 부담하고 있는 부하를 제외한 나머지 순수한 부하만 부담하면 됩니다.

클라이밍에서의 안정된 자세를 생각한다.

클라이밍에서는 양손과 양발을 번갈아 움직이면서 올라갑니다. 하지만 클라이밍 도중에는 밸런스가 좋은 상태도 있고 나쁜 상태도 있습니다.

그렇다면 클라이밍의 밸런스 상태에 대해서 의식적으로 자세를 컨트롤할 수 없는 인형을 사용해서 설명해 보겠습니다. 왼쪽 그림과 같이 오버행에서 왼손과 왼발

로 홀드를 잡고 오른손을 다음 홀드로 뻗으려고 할 경우, 몸은 왼쪽으로 크게 돌아갑니다.

반면 오른쪽 그림과 같이 손 홀드를 왼손으로 잡았을 때, 발 홀드를 오른발로 밟으면 회전하지 않고 쉽게 다음 홀드로 손을 뻗을 수 있습니다.

오버행에서 홀드를 잡을 때 왼손과 왼발을 사용할 경우, 몸은 왼쪽으로 회전한다.

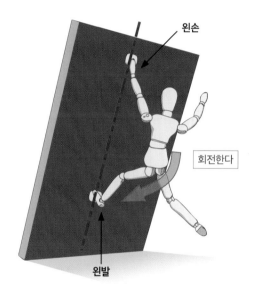

홀드를 왼손과 오른발로 잡을 경우 몸은 회전하지 않는다.

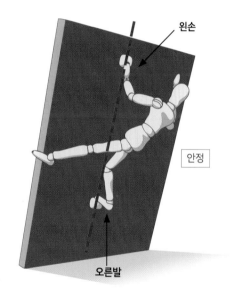

위에서 보면 몸이 중력에 끌리는 방향, 즉 왼손과 왼발을 묶은 쪽의 방향이 되어서 안정되려고 한다. 따라서 회전이 발생한다.

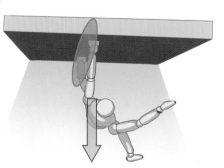

홀드를 왼손과 오른발로 잡으면 좌우 무게의 균형이 좋아지기 때문에 몸은 회전하지 않고 안정된다.

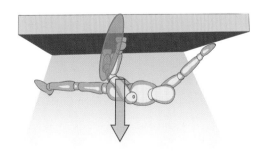

가장 기본적인 무브는 좌우 무게가 균등한 밸런스

카운터 밸런스는 좌우의 무게를 같게 만들어 홀드를 잡고 있는 손에 가해지는 불필요한 힘(회전 모멘트)을 없애고 기본적인 부하(오버행에서 가해지는 체중)만을 부담하게 하는 것을 이상적으로 보고 있습니다.

왼쪽 그림 홀드를 왼손과 왼발로 잡으면 벽과 접촉하고 있는 라인(붉은 선)에 대해 무게가 오른쪽으로 치우치게 됩니다. 그렇기 때문에 좌우의 밸런스가 나빠지고, 왼쪽으로 돌아가는 회전 모멘트가 발생해서 몸이 왼쪽으로 회전하려고 합니다.

이 회전에 버티기 위해 왼팔에 힘을 많이 준 채로 다음 홀드를 잡으러 가야 합니다.

오른쪽 그림 홀드를 왼손, 오른발로 잡으면 벽과 접촉하고 있는 라인(붉은 선)에 대해 무게가 안정적으로 분배됩니다. 그렇기 때문에 **좌우 밸런스가 안정되어서 회전하지 않게 되고 쉽게 다음 홀드를 잡으러 갈 수 있습니다.** 좌우 밸런스가 좋아지면 왼손에는 불필요한 부하가 발생하지 않고, 77p와 같이 왼손에는 경사에 대한 부하만 주어지게 됩니다.

몸이 뒤쪽으로 당겨진다.

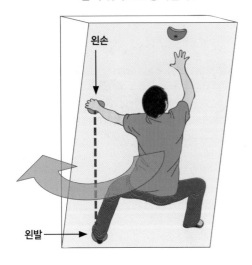

왼손

왼발

몸이 벽 쪽으로 붙어서 안정된다.

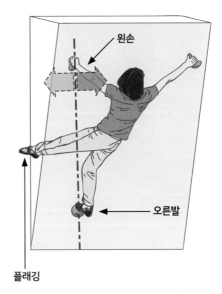

왼손

오른발

플래깅

플래깅 ※ FLAGGING: 늘어뜨리다

플래깅이란 몸을 안정시키기 위해 **반대로 몸무게의 일부를 보낸 상태인 카운터 웨이트를 만들 목적으로 공중으로 내민 다리를 말합니다.**

기본적으로는 발을 발 홀드에 올려놓지 않지만, 발 홀드가 플래깅을 한 발의 주변에 있고 밸런스가 좋다면 홀드에 발을 올려놓기도 합니다. 움직일 때 홀드를 발로 밀면 추진력이 생기기 때문에 홀드를 이용하는 것이 좋을 때도 있습니다.

> **MEMO**
> 카운터 밸런스는 받침점에 대해 좌우로 무게를 분배해서 밸런스를 잡는 방법입니다. 플래깅은 밸런스를 잡기 위해 다리를 흔드는 동작을 말합니다. 흔드는 쪽의 다리는 카운터 웨이트라는 역할을 합니다.

인사이드와 아웃사이드를 구분해서 사용하기

대각은 카운터 밸런스 중에서도 가장 기본적이며, 클라이밍에서 사용 횟수가 가장 많은 무브 중 하나입니다. 이 무브는 왼손으로 홀드를 잡았을 때는 오른발을 발 홀드에 올려놓고, 오른손으로 홀드를 잡았을 때는 왼발을 발 홀드에 올려놓으면서 대각으로 홀드를 잡는 것을 통해 좌우 밸런스를 균등하게 만드는 원리입니다.

대각에는 발 홀드를 인사이드로 밟는 무브와 아웃사이드로 밟는 두 종류의 무브가 있습니다.

발 홀드가 홀드를 잡고 있는 손보다 다음에 잡을 홀드와 가까운 쪽에 있으면 인사이드로 올려놓고, 먼 쪽에 있다면 아웃사이드로 올려놓습니다.

만약 발 홀드가 현재 잡고 있는 홀드 라인의 가까이에 있다면 인사이드와 아웃사이드 중 어느 쪽이든 사용할 수 있습니다.

인사이드 대각(안쪽 대각)

잡을 홀드 쪽에 발 홀드가 있으면 인사이드로 올려놓습니다.

아웃사이드 대각(바깥쪽 대각)

발 홀드가 현재 잡고 있는 홀드보다도 멀다면 아웃사이드로 올려놓습니다.

인사이드로 올려놓는다.

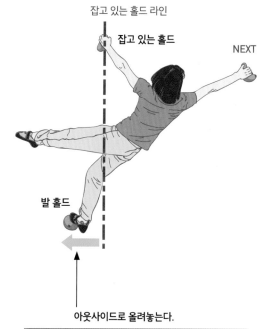

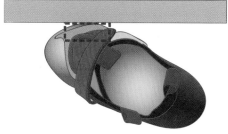

아웃사이드로 올려놓는다.

사용 빈도 NO.1인 필수 기본 무브

이 무브는 모든 클라이밍의 기본이며, 가장 많이 사용하는 무브 중 하나입니다. 발 올려놓기와 밸런스의 조절을 의식합시다.

● 적용하는 경우

현재 홀드를 잡고 있는 손과 잡아야 할 다음 홀드 사이에 발 홀드가 있는 경우입니다.

수직 벽에서부터 오버행까지 적용 범위가 넓으며, 슬랩에서는 대부분 이 무브를 사용하고 수직 벽에서는 50% 이상 사용합니다. 그러나 경사가 심한 오버행이나 루프에서 사용하면 다른 무브보다 힘이 더 필요할 수도 있습니다.

● 시퀀스

왼손으로 홀드를 잡고 오른손을 다음 홀드로 뻗는 경우에, 현재 홀드를 잡고 있는 왼손보다 오른쪽에 발 홀드가 있다면 왼발은 플래깅을 하고 오른발은 인사이드로 밟아서 대각인 상태로 지지합니다.

● 무브의 요소

'홀드를 왼손으로 잡을 때는 오른발을 올려놓는다', '홀드를 오른손으로 잡을 때는 왼발을 올려놓는다'라는 느낌으로 몸을 펴고 대각으로 고정시키면서 밸런스를 잡습니다.

무브의 포인트
이쪽 다리는 플래깅하면서 밸런스를 잡는다.

대각의 요소

이상적인 움직임
성급하게 손을 뻗지 말고 체중 이동을 확실하게 한 다음에 손을 뻗는다.

플래깅을 한 발의 위치
발 홀드가 밸런스가 무너지지 않는 위치에 있다면 밟거나 차거나 한다. 다만 밸런스가 좋지 않을 때는 무리해서 밟지 않는다.

체중 이동 시 스피드
밸런스가 괜찮을 때 재빨리 체중 이동을 해야 발 홀드에 더 잘 올라탈 수 있다.

무게 중심의 이동
손을 뻗어서 나간다는 생각보다도 이쪽 발에 무게 중심을 올려서 진행한다는 느낌

스미어링하면서 나아간다.
손이 닿지 않을 때는 스미어링을 하면서 벽을 밀듯이 나아간다.

쓸어내기가 중요
이쪽 발은 벽의 안쪽을 향해 쓸어내듯이 올려놓는다.

이 상반된 와 의 힘을 통해 진행 방향이 벽 쪽으로 회전하기 때문에 안정된다.

NOTICE

이 무브에서 올라타는 발의 위치가 높다면 하이스텝 무브를 취합니다.

POINT 처음 속도를 살려서 이동한다.

밸런스 상태를 유지하면서 양손으로 끌어당긴 다음, 빠르게 한 손을 뻗습니다. 이때 급하게 다음 홀드로 손을 뻗지 않고 양손으로 확실하게 끝까지 끌어당긴 다음, **잡을 수 있는 범위까지 온 상태에서 손을 뻗으면** 힘 소모가 적고 밸런스는 안정됩니다.

카운터 밸런스는 밸런스 상태를 가장 좋게 만들어서 이동하는 무브입니다. 의식은 아무래도 다음 홀드로 향하겠지만, **더 중요하게 의식해야 하는 것은 플래깅을 하면서 중량 배분을 하고 있는 발의 상태입니다.**

밸런스 관리
목표물을 보면서도 몸 전체의 밸런스 상태를 확실하게 의식한다.

POINT 벽에 몸을 확실하게 붙인다.

수직 이상의 경사가 되면 아무래도 겨드랑이가 벌어지고 허리가 벽에서 떨어집니다. 그렇게 되면 체중이 발에 실리지 않아서 손에 부담이 커지기 때문에, 허리

를 확실하게 벽에 붙여서 발에 체중을 싣는 것이 중요합니다.

허리의 위치를 의식한다.
몸의 포지션을 의식하지 않으면 허리가 벽에서 멀어져서 손에 체중의 부하가 커진다.

발에 체중을 싣는다.
허리를 확실하게 벽에 갖다 대면 손의 부담이 적어진다.

오버행에서 빼놓을 수 없는 무브

방금 전에 다루었던 인사이드·대각과 발의 방향이 다른 대칭 무브로, 완만한 오버행에서는 이 두 가지의 무브를 통해 대부분의 파트를 이동해 나갈 수 있습니다.

● 적용하는 경우

현재 홀드를 잡고 있는 손과 나아가려는 다음 홀드의 반대쪽에 발 홀드가 있는 경우입니다.

수직벽에서부터 심한 경사까지 사용 범위가 넓으며, 카운터 밸런스 중에서는 플래깅 무브의 대표적인 동작입니다.

● 시퀀스

홀드를 왼손으로 잡고 오른손을 다음 홀드로 뻗을 때, 현재 홀드를 잡고 있는 왼손보다 발 홀드가 왼쪽에 있는 경우에는 왼발을 플래깅, 오른발을 아웃사이드로 밟아서 대각인 상태로 지지합니다.

● 무브의 요소

홀드를 왼손으로 잡을 때는 오른발을 올려놓고, 오른손으로 잡을 때는 왼발을 올려놓고 몸을 접는다는 느낌으로 대각으로 홀드를 잡아서 밸런스를 유지합니다.

무브의 포인트
이쪽 다리는 플래깅을 하면서 밸런스를 잡는다.

턱을 당긴다.
홀드 쪽을 보게 되면 목의 근육이 당겨져서 어깨가 올라가지 않는다.

플래깅을 한 발의 위치
① 수직벽에서 강한 반력이 필요한 경우에는 벽에 갖다 댄다.
② 경사가 심할 경우에는 공중으로 내밀어서 대각 위치에 있는 손을 벽 방향으로 향하게 한다.
③ 밸런스가 좋은 장소에 발 홀드가 있는 경우에는 밟거나 찬다.

대각의 요소   왼손

체중 이동 시 스피드
하체와 양손으로 움직임을 확실하게 만든 다음, 마지막에 진행할 손을 뻗는다.

허리는 트위스팅을
허리의 회전과 발의 플래깅을 맞춘 다음 도달거리를 만든다.

OUTSIDE

오른발

발을 쓸어 누르는 요소를 넣는다.
될 수 있는 한 발을 쓸어 누르는 요소를 만든다.

NOTICE
인사이드일 때의 발 올려놓기와 달리, 아웃사이드는 발이 홀드에서 밀리기 쉽기 때문에 좋은 포인트를 눈으로 확실하게 확인한 다음 발을 올려놓습니다.

도달거리를 늘리는 것의 핵심은 반대쪽 발의 위치

대각에서는 받침점이 되는 발을 중심으로 좌우가 균등하게 체중을 분배하는 것이 이상적인데, 단지 그것만으로는 그 위치에서의 밸런스만 좋아질 뿐이고 다음 홀드로는 제대로 이동할 수 없는 경우가 있습니다.

따라서 실제로 적용할 때는 도달거리를 늘리기 위해 잡으러 가는 홀드 쪽으로 체중을 많이 보내게 됩니다.

그러나 다음 홀드를 잡으러 가는 손의 방향으로 체중을 보내려고 너무 의식하면 오히려 밸런스가 나빠져서 도달거리가 늘어나지 않습니다.

그럴 때, 카운터 밸런스의 원리에 따라 **발을 반대 방향으로 최대한 쭉 뻗으면 진행 방향 쪽으로 도달거리를 더 늘릴 수 있습니다.**

보통 상태일 때의 플래킹

평범하게 카운터 밸런스를 한다면, 그저 현재 홀드를 잡고 있는 손과 발 홀드를 밟고 있는 발 사이에서 플래킹을 하고 있는 형태가 됩니다. 게다가 다음 홀드에 닿지 않을 경우에는 홀드를 잡고 있는 손으로만 당기게 됩니다.

허리를 집어넣는 플래킹

허리를 확실하게 집어넣는 것을 의식하면서 다리를 반대 방향으로 플래킹해 카운터 밸런스 자세를 만들면, 현재 홀드를 잡고 있는 손에 불필요한 힘이 들어가지 않고 다음 홀드를 잡으러 가는 손을 멀리 뻗을 수 있습니다.

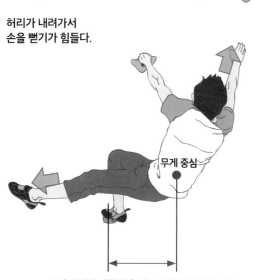

허리가 내려가서
손을 뻗기가 힘들다.

무게 중심

무게 중심과 받침점(올려놓은 발)의 거리가 멀다.

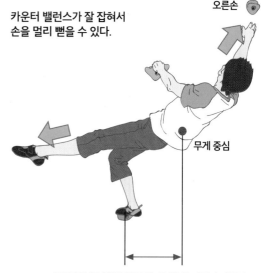

오른손

카운터 밸런스가 잘 잡혀서
손을 멀리 뻗을 수 있다.

무게 중심

무게 중심과 받침점(올려놓은 발)의 거리가 가깝다.

잡기 어려운 홀드라도 받침점과 무게 중심이 가깝다면 안정된다.

오른손을 뻗어야 하는 상황에서 왼손으로 잡고 있는 홀드가 좋지 않으면, 다음 홀드에 다가가기 위해 무게 중심을 오른쪽으로 두려는 경향이 생기기 마련입니다. **하지만 실제로는 양손으로 잡은 채로 무게 중심을 받**

침점의 왼쪽으로 가져가서 밸런스를 먼저 안정시킨 다음, 빠르게 한 번에 오른손을 뻗는 것이 더 안정된 무브를 수행할 수 있습니다.

안쪽으로 향하는 플래깅은 발을 바꿔 밟기가 필요 없는 무브

오버행에서는 왼손 잡기·왼발 올려놓기처럼 평행으로 홀드를 잡고 있으면 몸이 회전하게 되는데, 이때 발을 안으로 빼서 몸을 크로스 상태로 만들면 밸런스가 좋아집니다.

● 적용하는 경우

현재 홀드를 잡고 있는 손과 다음 홀드의 반대쪽에 발 홀드가 있는 경우입니다.

홀드를 손과 발이 같은 쪽에서 잡고 있는 평행 상태에서 밸런스를 좋게 만들기 위해 대각으로 바꾸려면 발을 바꿔서 밟을 필요가 있습니다.

이때 인사이드 플래깅을 사용하면 발을 바꿔 밟지 않고도 밸런스를 좋은 상태로 만들 수 있습니다.

● 시퀀스

왼손 잡기·왼발 올려놓기처럼 평행인 상태에서 오른손을 뻗을 때 발 홀드가 현재 홀드를 잡고 있는 왼손보다도 좌측에 있는 경우에는, **왼발은 인사이드로 밟고 오른발은 몸과 벽 사이로 플래깅을 해서 카운터 밸런스 상태를 만듭니다.**

● 무브의 요소

홀드를 왼손으로 잡을 때는 왼발을 올려놓고, 오른손으로 잡을 때는 오른발을 올려놓습니다. **플래깅을 하는 발을 안으로 빼서 몸을 크로스 상태의 대각으로 만들면서 밸런스를 잡습니다.**

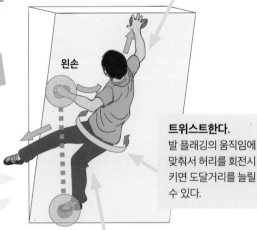

평행
왼손

회전한다

왼발

몸이 회전하려고 하는 상태에서 발을 안으로 집어넣는 것만으로도 밸런스가 좋아진다.

어깨부터 올린다.
손을 뻗는다는 느낌보다는 어깨를 올린다는 느낌으로 수행한다. 턱은 적당히 당긴다.

왼손

트위스트한다.
발 플래깅의 움직임에 맞춰서 허리를 회전시키면 도달거리를 늘릴 수 있다.

왼발
평행

플래깅이 손의 도달거리를 만든다.
플래깅을 한 발의 뻗는 거리에 따라 반대쪽에 있는 다음 홀드를 잡으러 가는 손이 얼마나 뻗어질지가 좌우된다. 당연히 깊게 뻗을수록 손이 멀리까지 닿는다.

발을 돌린다.
심한 오버행에서는 발이 공중에 뜰 정도로 강하게 회전시켜 뻗으면, 홀드를 잡으러 가는 손이 벽에 가까워져 다음 홀드를 잡기가 쉬워진다.

허리를 집어넣는다.
엉덩이를 내리지 않고 허리를 집어넣으면 홀드를 잡으러 가는 손의 뻗는 거리가 늘어난다.

POINT 대각과 인사이드 플래깅의 도달거리를 비교해 보자.

왼쪽 그림은 오른발을 올려 둔 대각 상태의 카운터 밸런스입니다. 이 경우, 올려놓은 발은 아웃사이드가 됩니다.

오른쪽 그림은 왼발을 올려 둔 인사이드 플래깅입니다. 올려놓은 발은 인사이드입니다. 두 그림은 다른 무브이지만, 홀드를 잡으러 가는 손의 최대 도달거리는

같습니다. 또 플래깅을 한 다리의 뻗은 거리도 같습니다. 즉 **대각이든 인사이드 플래깅이든 완전히 같은 거리라는 얘기입니다.**

실제 클라이밍에서는 발을 바꿔 밟을 필요가 없는 무브 쪽을 선택하는 것이 효과적입니다.

대각   인사이드 플래깅

두 개의 무브에서 밟고 있는 발은 다르지만 홀드를 잡으려고 뻗는 손의 거리는 같습니다.

POINT 인사이드 플래깅의 장점

인사이드 플래깅에서는 홀드를 인사이드로 밟습니다. 아웃사이드에서는 새끼발가락 쪽으로 밟지만, **인사이드에서는 강한 힘을 발휘할 수 있는 엄지발가락으로 홀드에 올라타기 때문에 사람의 발 구조상 확실하게 밟고 버틸 수 있습니다.**

또 대각을 사용해서 무브를 취하면 발을 바꿔 밟아야 하는데, 인사이드 플래깅을 사용하면 바꿔 밟지 않고도 이동을 할 수 있기 때문에 작은 발 홀드일수록 효과적입니다.

하지만 발 홀드가 현재 홀드를 잡고 있는 손이 아닌 다음 홀드를 잡으러 가는 손 쪽에 있을 경우에는 사용할 수 없다는 단점이 있습니다.

인사이드로 올라타는
인사이드 플래깅

무브의 전환이 자유로운 밸런스 컨트롤러

오버행에서는 왼손 잡기·왼발 올려놓기처럼 평행으로 홀드를 잡고 있으면 몸이 회전하게 되는데, 이때 발을 바깥쪽으로 뻗어서 몸을 크로스시키면 밸런스가 좋아집니다.

● 적용하는 경우

중력 작용 방향을 기준으로 발 홀드가 잡고 있는 홀드와 같은 쪽에 있고 잡아야 하는 다음 홀드는 반대쪽에 있는 경우입니다.

홀드를 손과 발이 같은 쪽에서 잡고 있을 때, 밸런스를 좋게 만들기 위해 대각을 만들려면 발을 바꿔 밟아야 합니다.

이 경우, 아웃사이드 플래킹을 사용하면 발을 바꿔 밟지 않아도 밸런스를 좋은 상태로 만들 수 있습니다.

(1) 기본형

평행으로 잡고 있는 상태에서 다리를 밖으로 가로질러 뻗는다.

● 시퀀스

왼손 잡기·왼발 올려놓기처럼 평행인 상태에서 오른손을 뻗을 때, 발 홀드가 현재 홀드를 잡고 있는 왼손보다도 왼쪽에 있는 경우에는 **왼발을 인사이드로 밟고 오른발을 왼쪽 바깥쪽으로 플래킹해서 카운터 밸런스 상태를 만듭니다.**

● 무브의 요소

왼손으로 잡을 때는 왼발을 올려놓고, 오른손으로 잡을 때는 오른발을 올려놓습니다. 플래킹을 하는 **다리는 바깥으로 뻗어 홀드에 올려놓은 발과 크로스시켜서 대각 상태로 만들면서 밸런스를 잡습니다.**

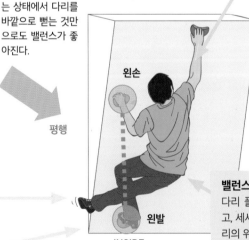

왼손

몸이 회전하려고 하는 상태에서 다리를 바깥으로 뻗는 것만으로도 밸런스가 좋아진다.

회전한다

왼발
(받침점)

평행

손은 안정된 다음에 뻗는다.
플래킹으로 확실하게 밸런스를 잡은 다음에 손을 뻗는다.

왼손

플래킹의 위치
오른손을 뻗어도 몸이 회전하지 않을 정도의 위치까지 플래킹을 한다.

왼발

INSIDE

밸런스를 허리로 잡는다.
다리 플래킹으로 회전을 막고, 세세한 밸런스 조절은 허리의 위치로 정한다.

밸런스를 우선적으로
좋은 위치에 발 홀드가 있다면 밟겠지만, 그 외에는 발 홀드를 밟지 않고 철저하게 밸런스를 우선으로 한다.

NOTICE

같은 평행 무브라도 아웃사이드 플래킹하는 동작을 인사이드 플래킹과 비교하면 플래킹하는 다리의 거리에 한계가 있기 때문에 손을 뻗는 거리는 길지 않을 수 있습니다. 하지만 안쪽으로 빼는 것보다는 움직임이 간단하여 더 효과적일 수 있습니다.

(2) 가까운 거리의 밸런스 처리

가볍게 카운터 플래킹을 하면서 밸런스를 처리

　아웃사이드 플래킹은 용도가 많으며 플래킹하는 다리의 뻗는 깊이를 통해 밸런스를 잘 컨트롤할 수 있습니다. 마치 오케스트라에서 지휘자의 지휘봉과 마찬가지로 밸런스를 자유롭게 연출할 수 있는 것이죠.

　예를 들면 가까운 위치에 있는 홀드라도 왼손 잡기·왼발 올려놓기인 상태에서 성급하게 오른손을 뻗으면 몸이 회전하게 됩니다(왼쪽 그림). 그렇기 때문에 기본적

으로는 발을 바꿔 밟고, 대각 상태로 만들고 난 뒤에 오른손을 뻗습니다(오른쪽 그림).

　하지만 아웃사이드 플래킹을 사용하면 다리를 가로질러 아주 살짝 흘려보내는 것만으로도 밸런스 상태가 좋아져서 힘들이지 않고 오른손을 뻗을 수 있습니다(아래 그림).

평행 상태

왼손

회전한다

왼발
(받침점)

대각에서는 발을
바꿔 밟는다.

✕
번거로운 동작

플래킹에서는 다리를 가로질러
흘려보내기만 할 뿐이다.

○
똑똑한 동작

대각 상태

왼손

정지한다

발 바꿔 밟기

오른발(받침점)

아웃사이드 플래킹

왼손

왼발

정지한다

오른발

간단하게 움직이기
가까운 거리에 있는 홀드라면 아주 간단하게 움직여서 해결할 수 있다.

다리를 가볍게 카운터로 보낸다.
발을 바꿔 밟지 않고 가볍게 흘려보낸다.

NOTICE

발을 바꿔 밟는 움직임은 일상생활에서도 하지만 발을 크로스해서 밸런스를 잡는 동작은 거의 없습니다. 그렇기 때문에 이 기술을 제대로 사용하기 위해서는 연습을 많이 하는 것이 중요합니다.

(3) 레스팅(쉬는 자세)
깊은 아웃사이드 플래깅은 휴식에도 효과적

인사이드 플래깅은 홀드에 올려놓은 발의 방해를 받기 때문에, 안쪽으로 몸을 깊게 눌러 앉는 것이 어렵습니다.

반면 **아웃사이드 플래깅은 바깥쪽으로 뻗었기에 몸을 구부리기가 비교적 자유로워서 깊은 플래깅을 한 상태에서 고관절을 깊게 구부려서 쉴 수 있습니다.** 즉 현재 홀드를 잡고 있는 손을 최대한 펼 수 있는 위치까지

고관절을 가라앉힐 수 있습니다.

최종적인 밸런스는 플래깅을 한 발의 위치를 조정하면서 몸이 안정되는 위치에 고정시킵니다. 쉬는 자세에서는 양손을 쉬게 하기 위해서 자세를 바꿔 주면서 두 개의 홀드를 번갈아 잡거나, 하나의 홀드를 바꿔 잡기도 합니다. 그때는 플래깅의 방향을 바꾸거나 발을 바꿔 주면서 밸런스를 잡습니다.

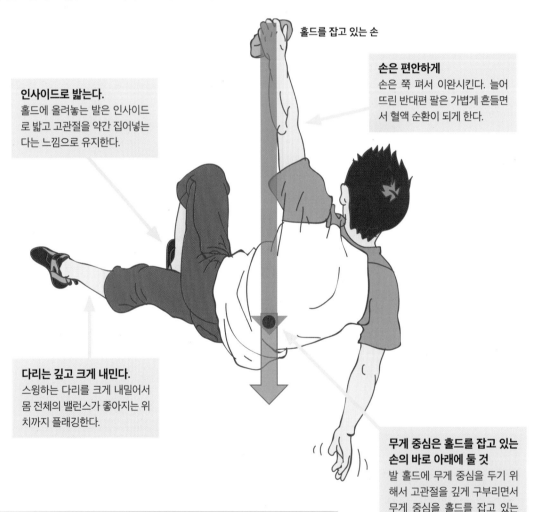

홀드를 잡고 있는 손

손은 편안하게
손은 쭉 펴서 이완시킨다. 늘어뜨린 반대편 팔은 가볍게 흔들면서 혈액 순환이 되게 한다.

인사이드로 밟는다.
홀드에 올려놓는 발은 인사이드로 밟고 고관절을 약간 집어넣는다는 느낌으로 유지한다.

다리는 깊고 크게 내민다.
스윙하는 다리를 크게 내밀어서 몸 전체의 밸런스가 좋아지는 위치까지 플래깅한다.

무게 중심은 홀드를 잡고 있는 손의 바로 아래에 둘 것
발 홀드에 무게 중심을 두기 위해서 고관절을 깊게 구부리면서 무게 중심을 홀드를 잡고 있는 손의 바로 아래로 가져온다.

NOTICE
휴식을 취할 때는 팔을 쭉 뻗고 손을 번갈아 바꿔 잡아 주는 것이 중요합니다. 팔을 끌어당기려고만 하면 어깨나 상완의 근육이 경직되고 손가락을 굽힐 때 사용하는 근육들에 혈액 순환이 제대로 되지 않아 쉽게 피로해지기 때문입니다.

9 보디 밸런스

가까운 거리에서의 밸런스는 몸을 활 모양으로 만들어서 조절

이 무브는 가까운 거리에 있는 홀드를 잡기 위한 기본 무브이며 사용 빈도가 높은 편입니다. 손의 당기는 힘으로 다음 홀드를 잡는 것이 아니라, 밸런스를 분배하는 것과 몸의 힘을 빼는 것을 가장 중요하게 의식합니다.

● 적용하는 경우

수직벽이나 약간 완만한 오버행에서, 비교적 가까운 위치에 다음 홀드가 있고 발을 플래깅할 정도의 카운터가 필요 없을 때 사용합니다.

그리고 벽이나 바위 같은 장애물이 있어서 다리를 플래깅해서 밸런스를 잡을 수 없을 때도 효과적입니다.

● 시퀀스

홀드를 오른손으로 잡고 왼손을 뻗는 경우에는 허리를 다음 홀드를 잡으러 가는 쪽과 반대 방향인 오른쪽으로 젖히면서 좌우의 무게를 균등하게 배분하여 밸런스를 잡습니다.

● 무브의 요소

몸을 활 모양으로 젖혀서 몸 전체를 카운터 웨이트로 대신합니다.

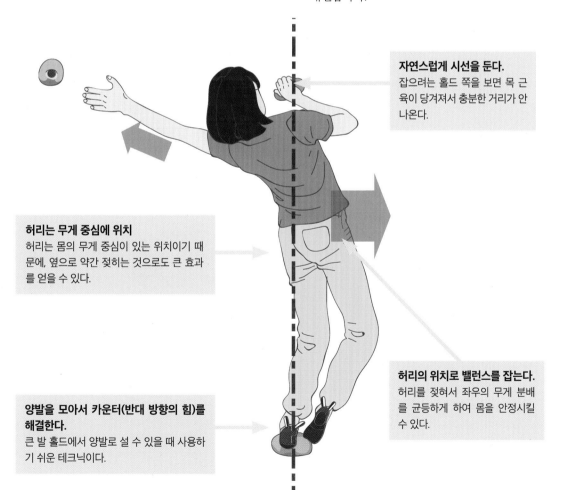

자연스럽게 시선을 둔다.
잡으려는 홀드 쪽을 보면 목 근육이 당겨져서 충분한 거리가 안 나온다.

허리는 무게 중심에 위치
허리는 몸의 무게 중심이 있는 위치이기 때문에, 옆으로 약간 젖히는 것으로도 큰 효과를 얻을 수 있다.

허리의 위치로 밸런스를 잡는다.
허리를 젖혀서 좌우의 무게 분배를 균등하게 하여 몸을 안정시킬 수 있다.

양발을 모아서 카운터(반대 방향의 힘)를 해결한다.
큰 발 홀드에서 양발로 설 수 있을 때 사용하기 쉬운 테크닉이다.

플래깅으로 밸런스를 조절

카운터 밸런스는 한쪽 다리를 플래깅시켜서 자세를 안정시키는 무브입니다. 지금까지는 대각을 인사이드 플래깅과 아웃사이드 플래깅 두 종류로 소개해 왔습니다.

대각만 적용한 예 한 동작마다 발을 바꿔야 한다.

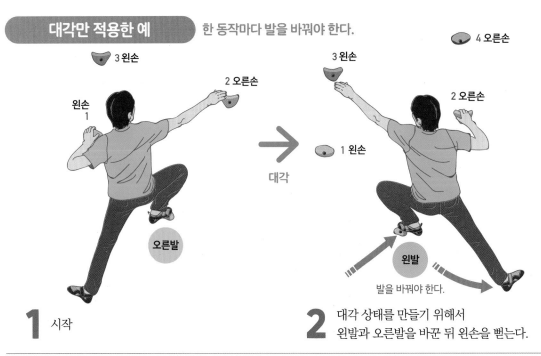

1 시작

대각

2 대각 상태를 만들기 위해서
왼발과 오른발을 바꾼 뒤 왼손을 뻗는다.

플래깅을 적용한 예 발을 바꾸지 않고 대응

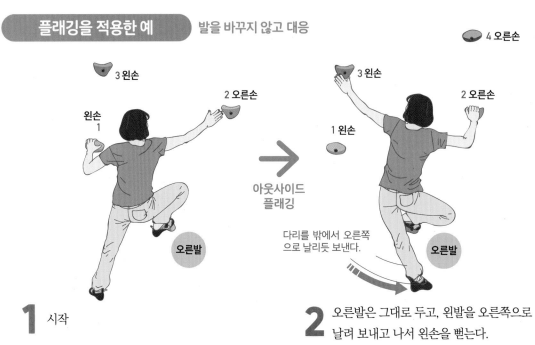

1 시작

아웃사이드
플래깅

2 오른발은 그대로 두고, 왼발을 오른쪽으로
날려 보내고 나서 왼손을 뻗는다.

이러한 테크닉들을 사용한 예를 살펴봅시다. 위쪽 그림은 기본적인 대각 스윙을, 아래쪽 그림은 인사이드 플래깅과 아웃사이드 플래깅을 같이 사용한 예입니다.

플래깅을 능숙하게 사용할 수 있게 되면 나아갈 때 마다 발을 바꾸지 않고 발로 홀드를 딛고 있는 상태 그대로도 밸런스를 유지할 수 있습니다.

3 오른발과 왼발을 바꾼 다음, 대각 상태가 되면 오른손을 뻗는다.

4 왼발과 오른발을 바꾼 다음, 대각 상태가 되면 왼손을 뻗는다.

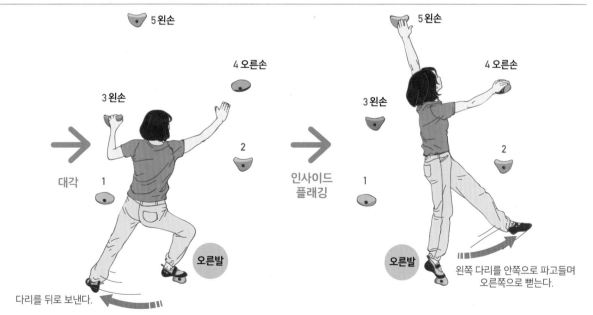

3 오른발은 그대로 두고, 왼쪽 다리를 뒤로 다시 보내면서 오른손을 뻗는다.

4 오른발은 그대로 두고, 왼쪽 다리를 오른쪽으로 뻗으면서 왼손을 뻗는다.

훅 계통

몸의 회전을 제어할 수 있는 또 하나의 기술

클라이밍을 하는 도중에 다리의 힘이 바닥나는 상황은 없습니다. 그렇기 때문에 훅을 사용할 수 있을 때는 반드시 훅을 사용하는 것이 정석입니다.

카운터 밸런스는 다음 홀드를 잡으러 갈 때 몸의 회전을 제어하기 위한 테크닉입니다. 즉 밸런스가 깨지는 것을 막기 위해 **발 홀드(받침점)를 기준으로 좌우의 무게를 균등하게 만들어서 홀드를 잡고 있는 손에서 발생하는 회전 모멘트를 최소로 만들기 위한 무브**를 말합니다.

그러나 손에서 발생하는 회전 모멘트를 최소로 만드는 방법은 이 외에도 여러 가지가 있습니다.

그중 하나가 훅킹입니다. 훅킹을 사용해서 회전 모멘트를 컨트롤하는 방법을 살펴봅시다.

┃ 훅의 장점1

다리의 힘으로 몸의 회전을 멈춤

오버행에서의 손의 부하

77p 그림에서, 체중이 50kg인 클라이머가 경사가 20°인 오버행에 위치해 있을 때 전달되는 손의 부하는 16kg였습니다. 이 부하가 양손에 전달되는 것은 홀드를 잡고 있는 손의 바로 아래에 발 홀드가 위치하고 있을 때입니다.

이는 최적의 카운터 밸런스 상태일 때 한 손에 16kg이 가해진다는 것을 가리킵니다.

평행 상태에서의 손의 부하

만약 왼손, 왼발이라는 좋지 않은 밸런스 상태에서 억지로 무브를 수행하려고 하면 왼쪽으로 돌아가려고 하는 회전 모멘트가 발생합니다.

회전을 멈추는 요소

새끼손가락의 바깥쪽에서부터 각각의 손가락들까지의 거리를 위 그림에서 언급한 수치를 기준으로 했을 경우, 회전 방지를 위해 필요한 각 손가락들의 악력을 가정한다면 새끼손가락(40kg × 1cm) + 약지손가락(30kg × 3cm) + 중지손가락(70kg × 5cm) + 검지손가락(50kg × 7cm) = 830kg·cm가 됩니다. 이는 이론적으로는 성립되지만 실제로 중지손가락 하나로 70kg의 악력을 내는 것은 불가능합니다. 따라서 몸이 회전하는 것은 피할 수 없습니다.

몸 전체의 회전을 손의 악력만으로 멈추게 하려면 이론상으로 새끼손가락 40kg + 약지손가락 30kg + 중지손가락 70kg + 검지손가락 50kg = 190kg의 악력이 필요합니다.

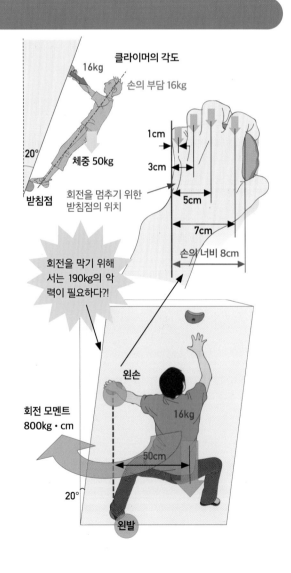

클라이머의 각도
16kg
손의 부담 16kg
1cm
3cm
5cm
7cm
손의 너비 8cm
20°
체중 50kg
받침점
회전을 멈추기 위한 받침점의 위치
회전을 막기 위해서는 190kg의 악력이 필요하다?!
왼손
회전 모멘트 800kg·cm
16kg
50cm
20°
왼발

회전하는 힘을 한 손으로 막을 경우 손에 가해지는 부하

이때 손에 가해지는 힘은 마치 길이 50cm의 봉 끝에 16kg의 무게 추를 매달아서 평행하게 들어 올릴 때의 필요한 힘과 같은 힘입니다.

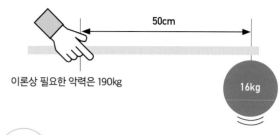

이론상 필요한 악력은 190kg

훅을 이용해서 효율적으로 회전을 방지

이 손의 악력만으로 회전을 막으려 한다면

190kg의 악력이 필요?!

②이 부분만으로 회전을 막아야 한다.

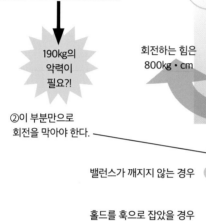

회전하는 힘은 800kg·cm

190kg   16kg

①이곳에 작용하는 회전력을 평행 상태에서 잡았을 경우

밸런스가 깨지지 않는 경우

8cm

50cm

100cm

홀드를 훅으로 잡았을 경우 (제2지렛대의 원리)

16kg   8kg

이 경우는 24p의 렌치를 돌리는 예와 같이 물체의 회전을 극히 좁은 범위에서 멈추는 예입니다. 그렇기 때문에 회전을 방지하기 위해서는 큰 힘이 필요합니다.

그렇다면 훅을 사용하면 어떻게 되는 걸까요? 훅은 회전축으로부터 먼 곳에서 회전력을 멈추는 무브입니다. 그렇기 때문에 회전을 막는 데 큰 효과를 발휘합니다.

하지만 유일한 단점이라면 사용할 수 있는 곳이 한정되어 있다는 것이겠지요.

평행 상태에서 홀드를 잡았을 경우에 훅킹으로 멈추려고 한다면
M=16kg x 50cm = 800kg·cm
M÷100cm=800kg·cm÷100=8kg 즉, 훅을 이용하면 발의 힘을 고작 8kg 내는 것만으로도 회전을 멈출 수 있습니다.

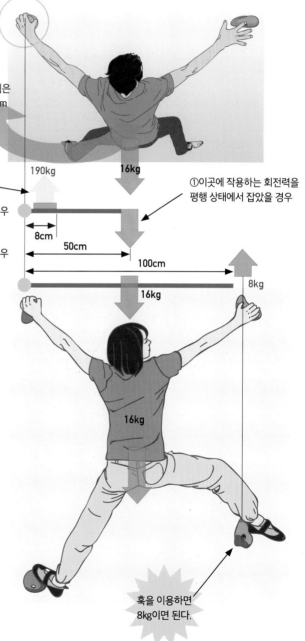

훅을 이용하면 8kg이면 된다.

클라이밍에서는 몸의 회전(흔들림)을 멈추는 것이 중요합니다.

앞 페이지에서는 훅이 몸의 회전을 막는 데 유용하다는 것을 설명했습니다. 그것은 바로 오버행에서 몸이 회전하는 것을 작은 힘으로도 막을 수 있는 기능입니다.

카운터 밸런스의 회전 요소

클라이밍에서는 몸이 회전하는 것은 동작을 할 때 불안한 요소로 작용합니다. 그렇기 때문에 카운터 밸런스에서는 받침점이 되는 발의 위치를 기준으로 좌우의 밸런스를 균등하게 만드는 행동 즉, 체중을 동일하게 배치하는 것이 중요합니다.

오른쪽 그림은 카운터 밸런스를 나타낸 것입니다. 오른쪽 무게가 커서 오른쪽으로 회전하는 힘이 발생하기 때문에 왼손은 그 힘을 억제하는 역할을 해야만 합니다. 카운터 밸런스는 시소와 같은 밸런스 상태입니다.

훅은 두 개의 받침점을 잘 이어 주는 중간다리 역할

훅은 손과 발이라는 두 개의 받침점에 몸(중량)이 실려 있는 상태로, 강의 양쪽에 놓여 있는 다리와 같은 구조입니다. 그렇기 때문에 몸의 흔들림(회전력)이 발생하지 않으며 그저 체중만 부담하면 되는 무브입니다.

그리고 그 하중을 나누지 않고 부담을 발 쪽으로 주면 더욱더 효과적인 무브가 됩니다.

> 훅킹은 회전도 막아 주고 홀드를 잡는 힘이 되기도 합니다. 게다가 클라이밍 도중에는 지칠 일이 없는 다리의 힘을 이용할 수 있는 가장 좋은 무브입니다.

이 무브 시스템을 다른 각도에서 보면 회전하는 힘이 발생하지 않는 기능도 찾을 수 있습니다. 이것은 훅을 두 지점을 잘 지지해 주는 무브라고 생각한 경우입니다.

왼손

오른쪽으로 돌아가는 힘

왼손으로 홀드를
잡는 것으로 보완한다.

받침점

오른쪽의 중량

회전하는 힘이 발생

받침점

받침점

받침점

받침점이 두 개인 상태에서는
회전하는 힘이 발생하지 않는다.

몸의 무게 중심을 발 쪽으로
걸면 손의 부담을 덜 수 있다.

받침점

받침점

다리 근육의 큰 힘을 끌어당기는 요소로 만들 수 있다는 이점

훅의 두 가지 큰 장점은 신체 중에서도 큰 근육을 사용한다는 것과 다리의 힘을 사용하는 무브 중에서는 유일하게 무게 중심보다 높은 위치에서 끌어당기는 요소가 있다는 것입니다.

근력은 근육의 단면적에 비례해서 커집니다. 훅에서 사용하는 근육은 허벅지의 뒷부분인 햄스트링과 정강이의 뒷부분에 있는 장딴지근인데, 이러한 근육들은 몸의 근육 중에서도 큰 편이라서 몸을 끌어 올리기에 충분한 힘을 가지고 있습니다. 또 발을 이용하는 훅은 홀드를 손으로 잡는 것과는 달리 지치지 않습니다.

훅의 가장 큰 특징은 몸의 무게 중심의 위치보다 위쪽에서 몸을 끌어 올리는 움직임이 있다는 것입니다. 이것은 제3의 손과 같은 셈이며, 전진할 때나 휴식할 때 많은 효과가 있습니다. 하지만 훅은 홀드를 손으로 잡을 때처럼 섬세한 그립감을 느끼기 어렵다는 단점이 있기 때문에, 다리를 거는 각도나 당기는 방향을 잘 조절하는 것이 중요합니다.

훅킹의 위치
당기고 싶은 방향과 발 홀드가 걸리기 쉬운 위치를 잘 잡는 것이 중요하다.

허리부터 올라탄다.
허리를 떨어뜨리지 않는다. 허리의 위치가 무게 중심이기 때문에, 손으로 끌어당기기보다는 허리부터 발 쪽으로 체중을 싣는다는 느낌으로 올라간다.

장딴지근(Gastrocnemius)

햄스트링(Hamstring)

무게 중심

플래깅을 통한 조절
플래깅을 하고 있는 발의 위치를 조정하여 최종적인 밸런스를 잡는다. 밑으로 늘어뜨려서 밸런스를 잡을 수도 있고 훅을 하고 있는 발 홀드를 같이 이용할 수도 있다.

무게 중심의 위치를 의식한다.
무게 중심의 위치가 훅을 하고 있는 발과 어떻게 연결될지를 의식한다.

chapter 3-4 올라타기 계통

받침점 위에 무게 중심을 올리면서 안정시킨다.

클라이밍에서는 무게 중심의 위치가 밸런스를 잡는 열쇠가 됩니다. 카운터 밸런스는 발 홀드(받침점)를 기준으로 좌우의 밸런스를 균등하게 만드는 움직임입니다. 또 하나의 밸런스 무브는 발 홀드(받침점)에 체중을 싣는 무브입니다. 이것은 발 홀드에 몸의 무게 중심을 위치시키고 무게 중심을 낮게 유지하면서 밸런스를 좋게 만드는 방법입니다.

POINT 두 종류의 균형인형

좌우균등 배치형(카운터 밸런스)

받침점을 중심으로 좌우의 중량을 같은 무게로 만든 것입니다.

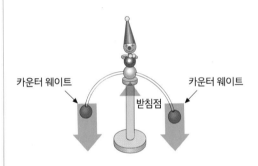

받침점 아래 한 지점 배치형(하이스텝)

받침점의 바로 아래에 무게 중심을 위치시켜서 밸런스를 안정시킨 것입니다.

하이스텝의 원리

올라타기 계통의 대표 무브인 하이스텝도 받침점 아래 한 지점 배치형과 같은 원리로 안정됩니다. 발을 올려놓는 홀드의 바로 위에 몸의 무게 중심을 위치시킨 다음 한쪽 다리를 낮게 떨어뜨리면 좌우의 밸런스가 같아지면서 전체적인 무게 중심 위치가 내려가기 때문에 안정되는 구조입니다.

극단적인 예를 들자면, 철봉에 매달리면 몸은 자연스럽게 철봉의 바로 아래에 오게 되면서 흔들리지 않습니다. 이 역시 무게 중심과 받침점이 동일 선상에 있으며, 가능한 한 낮은 위치에 무게 중심을 두고 있기 때문입니다.

하이스텝은 받침점에 무게 중심을 올려서 겹친 다음 그 바로 아래에 발을 늘어뜨리면 몸이 회전하지 않고 안정됩니다.

카운터 웨이트   받침점

발이 먼저 움직이는 무브는 올라타기를 할 때의 깊이와 스피드가 열쇠

정면으로 벽을 마주한 자세에서 발 홀드가 허리보다 높은 위치에 있는 경우, 먼저 발에 무게 중심을 싣고 난 뒤에 다음 홀드를 잡으러 가는 무브가 효과적입니다.

● 적용하는 경우

발 홀드가 현재 홀드를 잡고 있는 손과 다음 홀드 사이에서 비교적 높은 위치에 있는 경우입니다.

높은 계단처럼 발 홀드가 높은 위치에 있고, 현재 위치에서 다음 홀드로 손이 닿지 않을 때는 그 발 홀드에 발을 올려서 체중을 싣습니다.

● 시퀀스

왼손으로 홀드를 잡은 상태에서 전진하는 방향의 오른발 쪽의 높은 위치에 발 홀드가 있고, 오른손으로 다음 홀드를 잡기에 멀 때는 먼저 오른발로 발 홀드에 올라탄 다음 오른손을 뻗습니다.

● 무브의 요소

받침점 아래 한 지점 배치형 균형인형이 좋은 예입니다. 받침점에 완전히 무게 중심을 싣고 발을 받침점 아래로 늘어뜨리면서 몸이 안정됩니다.

스피드가 중요
체중을 이동해서 재빨리 받침점(오른발)으로 무게 중심을 싣기 위해서는 높은 계단에 올라타듯이 될 수 있는 한 빠르게 이동해야 한다.

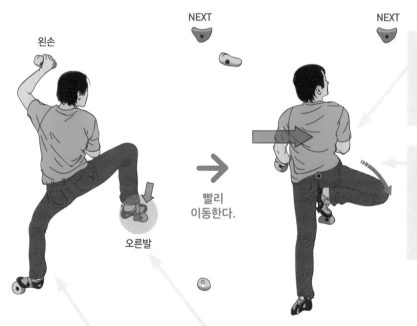

NEXT

NEXT

왼손

성급하게 손을 뻗지 않는다.
확실하게 올라타지도 않았는데 손을 뻗으면 체중 이동이 불완전해져서 홀드를 끌어당기는 손에 부담이 가해진다.

빨리
이동한다.

오른발

무릎을 내린다.
몸의 무게 중심을 받침점에 싣기 위해서는 발뒤꿈치를 들어서 무릎을 아래로 내린다. 최종적으로는 발뒤꿈치 위에 엉덩이의 중심이 올라간다.

발을 차면서 뗀다.
이쪽 발에 체중이 실려 있으면 오른발에 체중이 실리지 않는다. 왼발은 차면서 빠르게 뗀다.

모지구(엄지발가락 바로 아래의 불룩한 부분)에 확실하게 올라탄다.
발을 너무 앞쪽만 얕게 올리면 발뒤꿈치가 내려가서 무릎이 앞으로 나가지 않고 체중이 실리지 않는다.

MEMO
양발을 인사이드로 올려 놓고 벽과 정면으로 마주 보고 자세를 잡는 스타일을 프로그 스텝(개구리 스텝)이라고도 합니다.

플래깅을 하고 있는 발이 밸런스를 결정한다.

하이스텝은 발이 먼저 움직이면서 올라타는 형태의 무브입니다. 이 무브를 잘하는지 못하는지는 홀드를 밟고 있는 발에 체중을 싣는 것과 플래깅하고 있는 발을 받침점의 바로 아래에 떨어뜨리는 것에 달려 있습니다.

특별히 제작한 균형인형을 통해 플래깅을 하고 있는 발의 위치 차이로 인해 무게 중심이 어떻게 바뀌는지 살펴봅시다. 왼쪽 인형의 왼발은 바로 아래보다 약간 왼쪽에 위치해 있습니다. 이것은 하이스텝을 할 때 플래깅을 하고 있는 발이 전에 머물러 있던 홀드 쪽에 남아 있는 것을 나타냅니다.

이 상태로 받침점에 올려 보면 인형은 왼쪽으로 크게 기울어집니다. 이렇게 되면 홀드를 잡으러 갈 때, 왼손을 크게 끌어당겨야 합니다. 그에 비해 플래깅하고 있는 발을 바로 아래에 곧게 늘어뜨린 오른쪽 인형은 받침점에 올려 보면 곧게 안정됩니다. 이렇게 되면 홀드를 당기는 손은 힘을 적게 쓸 수 있습니다.

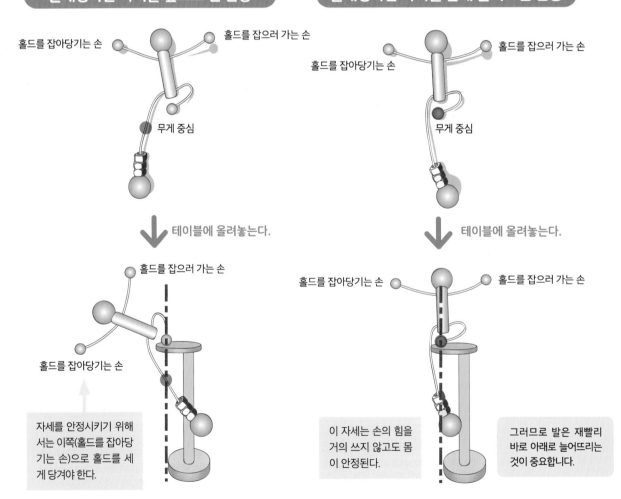

플래깅하는 다리를 옆으로 편 인형

홀드를 잡아당기는 손
홀드를 잡으러 가는 손
무게 중심

↓ 테이블에 올려놓는다.

홀드를 잡으러 가는 손
홀드를 잡아당기는 손

자세를 안정시키기 위해서는 이쪽(홀드를 잡아당기는 손)으로 홀드를 세게 당겨야 한다.

왼쪽으로 발이 치우치면 밸런스가 좋지 않다.

플래깅하는 다리를 곧게 늘어뜨린 인형

홀드를 잡아당기는 손
홀드를 잡으러 가는 손
무게 중심

↓ 테이블에 올려놓는다.

홀드를 잡아당기는 손
홀드를 잡으러 가는 손

이 자세는 손의 힘을 거의 쓰지 않고도 몸이 안정된다.

그러므로 발은 재빨리 바로 아래로 늘어뜨리는 것이 중요합니다.

발을 바로 아래에 늘어뜨리면 자세가 안정된다.

허리의 위치는 밸런스를 결정하는 무게 중심의 위치

인간의 무게 중심은 배꼽 근처, 즉 허리에 있습니다. 그렇기 때문에 허리의 위치가 바로 무게 중심이 되며, 무브의 완성도는 허리의 위치로 결정됩니다. 하이스텝에서는 받침점의 바로 위에 허리를 가져오는 것이 포인트인데 이 무브의 순서는 다음과 같습니다.

무브의 흐름

무브의 흐름

몸의 움직임

오른발로 올라타면서 나아가는 자세가 된다.

오른발로 올라타면서 체중 이동을 한다.

왼발은 떼고 오른발만으로 올라탄다.

오른발 발뒤꿈치의 위에 몸의 무게 중심이 온다.

오른쪽 무릎을 내리면서 완전히 올라탄다.

무브의 핵심

허리를 벽에 갖다 댄다.
가슴을 벽에 붙이면 답답한 자세가 되고 허리가 뒤로 빠진다. 경사가 심하더라도 허리를 확실하게 벽에 갖다 대면 발에 체중이 실려서 손에 힘을 덜 써도 된다.

늘어뜨린 다리로 벽을 민다.
밑으로 늘어뜨린 다리로 벽을 살짝 밀듯이 하면, 그 반작용으로 상체가 벽 쪽으로 붙어서 자세가 안정된다.
※ 올려놓은 발을 중심으로 벽 쪽으로 향하는 회전 요소가 생겨서 안정된다.

몸이 안정된 다음에 손을 뻗는다.
발이 제대로 올라타기 전에 손을 뻗으면 홀드를 당기는 손에 불필요한 힘이 사용된다. 하지만 몸이 안정된 다음에 손을 뻗으면 힘을 아낄 수 있다.

늘어뜨린 다리는 바로 아래에 위치시킨다.
플래깅을 하고 있는 다리는 받침점 바로 아래로 확실하게 늘어뜨려서 밸런스를 잡는다.

밀어 올리기(push-up)가 기본 요소인 올라타기 무브

맨틀링은 아래의 심한 경사 부분에서 완만해진 곳이나 정상으로 올라탈 때 사용하는 무브입니다. 몸을 밀어 올리는 요소가 있는 무브를 총칭해서 맨틀링이라고 할 때도 있습니다.

※ MANTLE: 덮어씌우다

● 적용하는 경우

바위 볼더의 정상 부근이나 등반벽에서 선반처럼 경사가 급하게 약해지는 부분, 또는 벽의 경사가 약해지는데 진행 방향에 마땅한 홀드가 없는 지형에 올라탈 때 사용합니다.

● 시퀀스

양손으로 홀드를 잡은 상태에서 몸을 끌어 올리기 시작해, 그 힘을 그대로 이용하여 올라탈 수 있는 자세가 되는 가슴에서 허리 부근까지 옵니다. 그런 다음 발을 벽의 가장자리에 걸치고 몸을 일으켜 타고 올라갑

니다. 발 디딤을 하기에는 좋고 홀드를 잡아야 할 오른손을 뻗기 힘든 상황이라면 우선 오른발을 올려서 올라탄 다음 오른손을 뻗습니다.

● 무브의 요소

경사가 낮아져 각도가 변하는 위치에서 양손을 걸칩니다. 처음에는 끌어당기는 근력을 사용하지만 몸이 가슴팍까지 올라가면 밀어 올리는 근력을 사용합니다.

발에 체중을 싣는다.
누르면서 몸을 일으킨다.

한 번에 끌어 올린다.
스피드가 중요

발을 올리면서 올라탄다.
몸을 허리 부근까지 밀어 올렸다면, 지형적으로 올라가기 쉬운 쪽의 발을 바위의 돌출된 면 위로 올린 다음 올라탑니다. 몸이 다 올라가지 않았는데 발을 올리려고 하면 속도를 잃고 느려져서 올라가기가 힘든 경우도 있습니다.

상완(어깨에서 팔꿈치까지)의 힘으로 밀어 올린다.
몸이 가슴 정도까지 올라왔으면 한쪽 팔을 팔굽혀펴기하듯이 밀어 올리는 자세로 바꿉니다. 발은 벽에 스미어링하면서 팔이 몸을 끌어 올리는 것을 돕습니다.

양손으로 끌어당긴다.
양손으로 턱걸이를 하듯이 몸을 끌어 올려 일으킵니다.

POINT 맨틀링을 할 때는 발이 먼저 움직이는 경우도 있다.

지형에 따라서는 발을 바위의 돌출된 면 위로 빨리 올리고 하이스텝처럼 발을 먼저 움직여서 올라타는 경우도 있습니다. 이때 발뒤꿈치를 거는 경우와 인사이드로 올라타는 경우가 있습니다.

발을 거는 위치가 가까울 때나 아래쪽에서 발을 올릴 때는 힐 훅을 사용합니다. 몸이 어느 정도 올라간 상태에서 발을 올려놓을 때는 인사이드를 사용합니다. 또 벽의 선반 위로 몸을 올라탄 다음 계속해서 일어서는 동작을 해야 하는 경우에는 발을 힐 훅에서 인사이드 스텝으로 연속으로 전환하기도 합니다.

발을 걸고 몸을 돌려 접는다.

상체를 바위에 덮어씌우면서 나아간다.

POINT 손바닥의 새끼손가락 부분을 꽉 누르면서 몸을 끌어당긴다.

손바닥의 새끼손가락 부분을 꽉 누르면서 몸을 끌어당긴다.

맨틀링에서 손을 가슴 위치까지 끌어당긴 뒤, 그 위치에서 체중을 실어 허리까지 밀어 올리는 과정은 상당한 힘이 필요한 과정입니다.

손은 상체를 올리기 쉽도록 한쪽 손을 손바닥이 누르고 있는 형태로 바꿔 주고 누르고 있는 손바닥의 새끼손가락 부분을 홀드에 꽉 갖다 댄 뒤 끌어 올립니다. 이때 무게 중심은 누르고 있는 손바닥의 바로 위에 오도록 해서, 가능한 한 상체를 바위에 가까이 갖다 댑니다.

양손을 대고 버티는 무브는 빠른 움직임이 중요

클라이밍에서의 움직임은 대부분 홀드를 끌어당겨서 몸을 끌어 올리는 것입니다. 그러나 일부는 팔을 이용해서 몸을 떠받치거나 밀어 올리는 움직임도 있습니다. 이 움직임도 무게 중심의 위치가 열쇠가 됩니다.

양손으로 밀어 올리기

이 무브에서 가장 중요한 것은 무게 중심(배꼽 위치)을 얼마나 빠르게 양손을 이은 선에서 위로 올리는가입니다. 몸은 그 선보다 올라가면 안정됩니다. 그렇기 때문에 움직이기 시작할 때의 빠른 속도를 이용해서 한 번에 밀어 올립니다.

> 양손이 대고 버티는 각도에 따라 손에 가해지는 부하가 달라집니다. 그렇기 때문에 대고 버티는 각도를 선택할 수 있는 상황이라면 될 수 있는 한 양손의 간격을 좁게 만듭니다.

한 손으로 밀어 올리기

한 손으로 대고 버티면서 밀어 올릴 경우에는 가능한 한 몸의 중심(무게 중심의 위치)을 떠받치고 있는 가슴과 가까운 위치로 가져옵니다. 가로 방향으로 버티고 있는 상황에서 먼 거리를 가고 싶은 경우에는 어깨를 밀어 넣고 팔을 안쪽 방향으로 회전하면서 고정시킵니다.

> 체중이 50kg인 클라이머의 손의 각도가 30°라면 손에 50kg이 가해지고, 각도를 60°로 넓게 만들면 29kg이 됩니다.

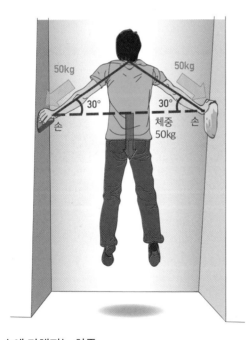

한 손에 가해지는 하중
양손의 간격 120cm
각도 A = 30°
　　하중 = (체중÷2) / Sin30° = 50kg
각도A = 60°
　　하중 = (체중÷2) / Sin60°=29kg

POINT 재빨리 올라가는 것이 핵심

- 손과 손 또는 손과 발의 라인보다 몸을 재빨리 올린다.
- 양손으로 대고 버티는 거라면 될 수 있는 한 간격을 좁게 만든다.
- 한 손으로 대고 버티는 거라면 몸을 손 쪽과 가깝게 하면 손의 부담이 줄어들고 발에 체중이 실린다.

밀어 올리는 무브의 기본은 빠른 움직임

맨틀링에서는 끌어당기는 근육과 밀어 올리는 근육을 도중에 바꾸기 때문에 그 바뀌는 부분이 제일 불안정할 때입니다. 역도에서는 가슴 위치에서 끌어당기기가 밀어 올리기로 바뀌는데, 클라이밍도 이와 같기 때문에 약점 구간에서는 빠른 움직임의 관성력을 이용해서 대처합니다.

맨틀링을 사용하는 무브 중 어떤 동작들은 끌어당기기에서 밀어 올리기까지 긴 거리를 움직일 수 있습니다. 이 경우, 처음에는 몸을 끌어 올리기 위한 근육(광배근·대원근)을 사용합니다. 이 근육의 사용 범위는 주로 양손을 위로 뻗은 곳에서 어깨까지입니다.

그리고 밀어 올리기로 바뀌는 위치에서 밀어 올리기를 하기 위해 위팔뼈의 뒤쪽에 있는 상완 삼두근을 사용합니다. **근육은 수축하는 범위의 가운데 지점에서 100%의 힘이 나옵니다. 처음과 끝 쪽은 50% 정도밖에 발휘하지 못합니다.**

그렇기 때문에 아래의 그림과 같이 턱걸이에서는 ①에서 발돋움을 이용하면서 광배근과 대원근의 힘으로 올라갑니다. ②에서는 50%의 힘밖에 나오지 않지만 관성력으로 몸이 올라갑니다. ③에서는 밀어 올리는 근육으로 변환되는데, 여기에서는 관성력도 없어지고 밀어 올리는 근육도 아직 50%밖에 나오지 않기 때문에 가장 힘든 부분입니다. 맨틀링에서 팔을 젖히는 부분도 이 위치이기 때문에 힘이 듭니다. ④가 되면 힘이 들어가기 쉬워지는데다가 가장 위에서는 팔꿈치를 고정시킬 수 있기 때문에 자세를 유지하기가 훨씬 쉬워집니다. 즉 ②에서 ③으로 넘어갈 때가 가장 복잡하며 어려운 때입니다.

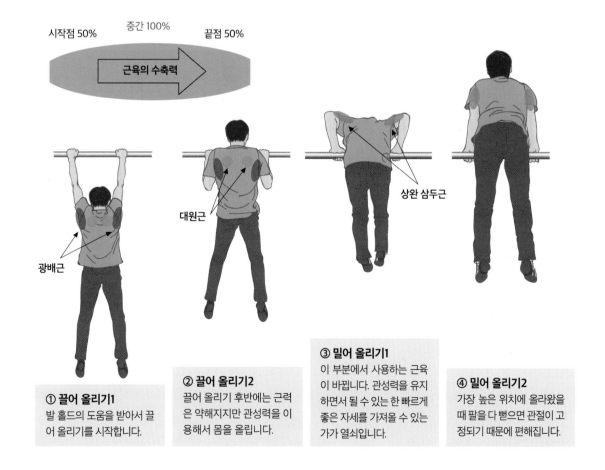

시작점 50% 중간 100% 끝점 50%

근육의 수축력

광배근

대원근

상완 삼두근

① 끌어 올리기1
발 홀드의 도움을 받아서 끌어 올리기를 시작합니다.

② 끌어 올리기2
끌어 올리기 후반에는 근력은 약해지지만 관성력을 이용해서 몸을 올립니다.

③ 밀어 올리기1
이 부분에서 사용하는 근육이 바뀝니다. 관성력을 유지하면서 될 수 있는 한 빠르게 좋은 자세를 가져올 수 있는가가 열쇠입니다.

④ 밀어 올리기2
가장 높은 위치에 올라왔을 때 팔을 다 뻗으면 관절이 고정되기 때문에 편해집니다.

오퍼지션 계통

chapter 3-5

작용·반작용의 힘을 통한 안정과 전진을 지향한다.

작용·반작용의 힘은 무브 전체에서부터 손과 발 내부에서의 사용 같은 세부적인 것에까지 광범위하게 이용됩니다. 이 작용·반작용을 잘 이용하면 강한 추진력과 유지력을 얻을 수 있기 때문에 클라이밍 실력 향상에 많은 도움이 됩니다.

※ OPPOSITION : 반대·대항

작용·반작용의 움직임은 정적인 무브와 동적인 무브로 나눠집니다. 발을 앞뒤로 나눠서 밟으면서 발을 통한 지지력을 얻는 드롭니나 발을 벽의 좌우에 대면서 지지력을 얻는 스테밍은 정적인 요소의 작용•반작용입니다.

반면 무릎을 밑으로 회전시킨 반동을 이용해서 팔을 위쪽으로 올리거나, 오른팔을 당기면서 왼팔을 뻗는 허리의 회전 운동 등은 동적인 요소의 작용•반작용이라 말할 수 있습니다.

EX 동적인 무브와 정적인 무브의 조합을 통해 효율성이 커진다.

드롭니는 여러 가지 작용·반작용의 요소를 이용한 효율적인 무브로 이루어져 있습니다.

동적
왼쪽 무릎을 중심으로 아래쪽을 향해 회전시킨 것에 대한 반력을 이용해서 상체를 위로 뻗게 한다. 움직임으로는 왼발을 아래로 향해 치게 하는 회전 동작을 진행하고 나서 상체를 올린다.

동적
오른손을 당겨 반대의 힘을 주는 순간에 왼손을 뻗는다. 중요한 점은 동시에 움직이는 것이 아니라, 오른손을 당긴 움직임의 힘이 왼손으로 전달된 상태에서 왼손을 뻗는다는 점이다.

정적
오른발(앞발)을 위치시킨 다음, 왼발(뒷발)은 무릎을 내리고 발바닥으로 홀드를 밀어내는 느낌으로 만든다. 좌우의 발을 각각 앞뒤로 밀어내는 작용·반작용의 힘을 이용해서 몸을 받친다.

왼손

오른손

왼발

오른발

강하게 작용시키면 강한 반작용이 생긴다.

작용과 반작용은 완전히 반대 방향으로 작용하는 같은 크기의 힘입니다. 따라서 오퍼지션 무브에서 충분한 지지력을 얻기 위해서는 강하게 작용시켜야 합니다.

공을 벽에 강하게 던지면 강하게 튀어서 돌아옵니다. 또 지지대 형식으로 된 수건걸이에 무거운 것을 걸기 위해서는 지지대를 벽 쪽으로 강하게 밀도록 만들 필요가 있습니다. 즉 강한 지지를 얻기 위해서는 강하게 미는 것이 중요합니다.

아래의 그림과 같이 벽에 다리를 대고 버티는 스테밍의 경우, 다리를 대고 버티는 힘이 약하면 몸이 내려갑니다. 힘을 강하게 작용시키기 위해서는 다리 힘이 잘 들어갈 수 있는 위치를 잘 선택해야 하며 강한 지지력을 얻을 수 있도록 발을 잘 사용해야 합니다.

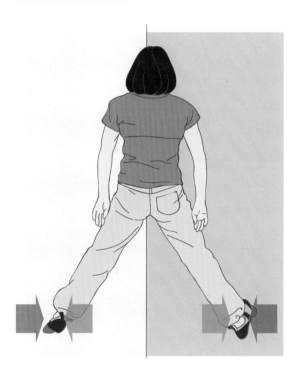

홀드들끼리의 위치를 잘 파악한다.
오퍼지션은 손이나 발을 반대 방향에 대고 버틸 수 있는 위치에서만 사용할 수 있습니다. 따라서 그런 장소를 찾을 수 있는 눈을 기르는 것이 중요합니다.

오퍼지션은 지지대 형태의
수건걸이와 같은 구조이다.

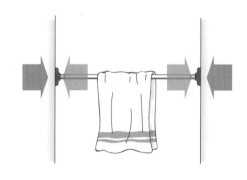

POINT 카운터 밸런스보다 더욱 적합한 오퍼지션

클라이밍 도중에 홀드들끼리의 위치에 따라 여러 가지 무브를 선택할 수 있을 때가 있습니다. 그런 경우에는 최적의 밸런스를 얻을 수 있는 카운터 밸런스보다도 체중을 지탱하는 힘을 얻을 수 있는 오퍼지션이 더 효율적입니다.

오퍼지션은 좌우로 다리를 뻗고 그 뻗은 힘을 통해 몸을 안정시키기 때문에 회전하는 힘이 발생하지 않습니다. 또 강한 다리 힘을 충분히 사용할 수 있는 무브입니다.

물론 카운터 밸런스도 몸의 흔들림을 방지하는 무브

이긴 하지만, 오퍼지션에 비해 회전력을 제어하는 효과가 크지는 않고 손의 부담도 줄여 줄 수 없습니다.

그렇기 때문에 두 가지 무브를 다 사용할 수 있는 경우에는 오퍼지션을 선택하는 것이 더 좋습니다.

오퍼지션 무브의 대표적인 기술

드롭니는 오퍼지션을 대표하는 무브이며, 움직일 때 작용·반작용이 자주 사용됩니다. 드롭니를 통해서 양발로 홀드를 바깥쪽으로 밀어내면서 지지대와 같은 효과를 얻을 수 있습니다. 그리고 다리를 펴면서 어느 정도 체중을 지탱할 수 있기 때문에 손의 부담을 줄일 수 있습니다.

● 적용하는 경우

수직 벽에서 루프까지. 홀드들이 수평으로 있고 그 홀드에 발을 수직 방향으로 누를 수 있는 포인트가 있는 경우입니다.

● 무브의 요소

발을 앞뒤로 차면서 오퍼지션 효과를 발휘할 수 있습니다. 또 뒷발을 아래로 향해 회전시키는 데에 따른 반작용으로 인해 상체가 올라가게 됩니다.

● 시퀀스

홀드를 밟고 있는 발 중에서 앞발을 세팅시킨 다음, 미는 발이 되는 뒷발을 세팅시킵니다. 뒤쪽 다리를 아래를 향해 접듯이 돌리면서 홀드를 잡기 위한 손을 뻗습니다.

무브의 순서

드롭니에서는 다양한 작용·반작용의 움직임을 동시에 수행합니다.

① 각각의 다리는 각각 앞뒤로 찹니다.

② 다음 홀드를 잡으러 가는 손 쪽의 다리를 밑으로 내리듯이 회전시키면서 허리 비틂을 이용해 손을 뻗습니다.

③ 홀드를 잡고 있는 손으로 몸을 당기면서 다음 홀드를 잡기 위해 손을 뻗습니다.

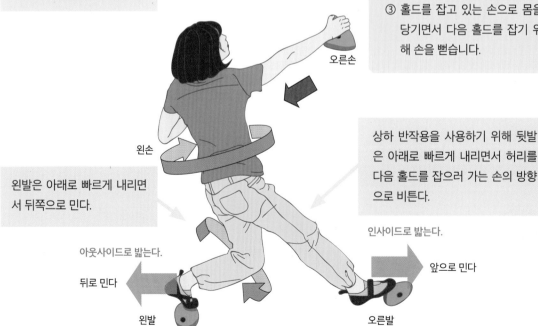

홀드는 양손으로 끌어당기고, 다음 홀드를 잡으러 가는 순간에는 어깨부터 올라가도록 해서 손을 뻗는다.

오른손

왼손

왼발은 아래로 빠르게 내리면서 뒤쪽으로 민다.

상하 반작용을 사용하기 위해 뒷발은 아래로 빠르게 내리면서 허리를 다음 홀드를 잡으러 가는 손의 방향으로 비튼다.

인사이드로 밟는다.

아웃사이드로 밟는다.

앞으로 민다

뒤로 민다

왼발

오른발

드롭니는 일련의 흐름을 통해 부드럽고 매끄럽게 진행한다.

드롭니에는 발을 앞뒤로 뻗으면서 몸을 정적으로 안정시키는 오퍼지션 효과가 있습니다. 또 홀드를 잡으러 가는 손이 최대한 뻗을 수 있도록 동적인 트위스팅을 추가하는 경우도 있습니다. 멀리 있는 홀드를 잡으러 가는 경우에는 손 뻗음을 확실하게 발휘하기 위해 올바른 순서와 부드러운 동작이 필요합니다.

① **디딤발 다음에 미는 발의 순서로 세팅**

양손으로 홀드를 잡고, 디딤발(오른발/홀드를 잡고 있는 손 쪽)-미는 발(왼발/홀드를 잡으러 가는 손 쪽)의 순서로 발을 인사이드로 올려놓습니다.

② **미는 발을 비틀면서 양손으로 당긴다.**

미는 발의 무릎을 아래쪽으로 내리고, 허리를 오른쪽으로 비틀면서 양손으로 당깁니다.

③ **몸을 펴듯이 발돋움하면서 손을 뻗는다.**

최종적으로는 왼발을 밀면서 뻗어 올라갑니다.

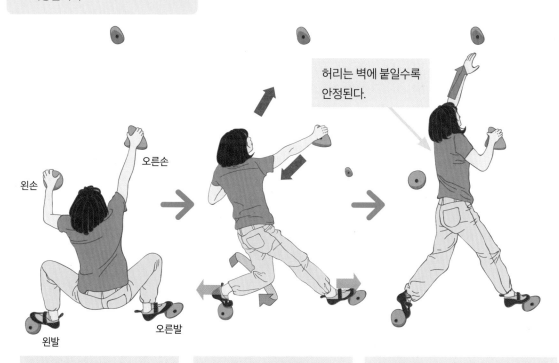

허리는 벽에 붙일수록 안정된다.

오른손

왼손

왼발

오른발

디딤발(오른발)을 세팅
미는 발(왼발)을 세팅

미는 발을 아래로 내린다.
허리를 비튼다.

가능한 한 양손을 오래 당기고 있는다.
손을 뻗는다.

POINT 일련의 흐름이 중요

도달거리가 긴 동적인 드롭니를 마스터하기 위해서는 발을 세팅하는 것부터 미는 발 내리기-허리 비틀기-양손으로 당기기-손 뻗기와 같은 일련의 동작을 끊지 않고 부드럽게 수행하는 것이 중요합니다. 비교적 큰 홀드를 사용해서 계속 연습합시다.

MEMO
일본에서는 "드롭니"를 "콩"이라고 표현합니다. 콩이라는 이름은 소년 잡지에 연재된 만화에 나오는 캐릭터의 자세와 비슷하다는 것에서 이름 지어졌습니다.

몸을 가라앉혀서 지지력을 상승시킨다.

드롭니는 발을 앞뒤로 미는 것을 통해 지지력을 얻는데, 그 발의 지지력을 강하게 얻기 위해서는 허리를 가라앉혀서 발을 미는 힘을 강하게 만들 필요가 있습니다.

발을 밀어내는 지점은 다리의 가랑이 위치에 있습니다. 때문에 허리와 발의 위치가 가까울수록 다리 힘이 강해지며 지지력도 향상됩니다.

오른쪽 그림과 같이 회전하면서 구체를 움직이게 하는 장치의 회전력과 손잡이의 길이에 대해 살펴보겠습니다.

손잡이의 길이가 100cm인 A에서는 회전 토크(torque)가 10kg × 100cm = 1,000kg·cm 필요합니다. B에서는 10kg × 50cm = 500kg·cm가 필요합니다.

이것을 받침점에서 똑같이 10cm 떨어진 위치에서 움직이게 한다고 칩니다. 이때 각각의 토크를 10cm로 나누면 **A는 100kg, B는 50kg이 됩니다.**

이렇듯 거리가 반이라면 필요한 힘도 반이면 됩니다. **손잡이가 짧으면 짧을수록 작은 힘으로도 충분해지는 것입니다. 즉 손잡이가 짧으면 무거운 것을 움직이게 하는 것이 가능하다(=강한 힘이 나온다)는 이야기입니다.**

100kg으로 움직인다.

받침점

10cm

100cm

10kg

작용점

50kg으로 움직인다.

받침점

10cm

50cm

10kg

작용점

멀리 있는 홀드를 잡을 때는 홀드에 가까운 위치(엉거주춤한 자세)에서 잡지 말고, 먼저 허리를 가라앉혀서 강한 지지력을 얻은 다음에 빠르게 일어서서 잡으러 가는 것이 더 좋습니다.
허리를 가라앉히면 받침점(다리의 가랑이 위치)과 작용점(발)이 가까워져서 힘을 넣기 쉬워집니다.

이 사이가 가까울수록 홀드를 미는 힘이 강하게 나온다.

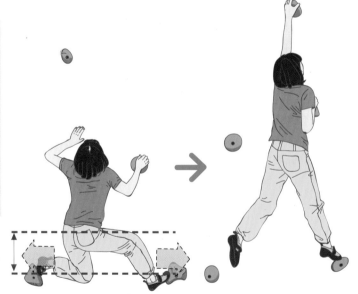

허리를 가라앉혀서 강한 지지력을 얻는다.

트위스팅과 다리 힘으로 일어서면 긴 거리를 갈 수 있다.

드롭니는 심한 경사에서도 이용할 수 있다.

심한 경사에서 사용하는 무브

드롭니는 손의 부담을 덜어주는 요소가 높기 때문에, 루프 같은 심한 오버행에서도 이용할 수 있습니다.

다만 홀드를 미는 발의 안쪽에 많은 부하가 걸리면 인대가 손상될 가능성이 있기 때문에 주의도 필요합니다.

하이·드롭니

드롭니는 응용 범위가 넓어서 좌우의 발을 발 홀드에 갖다 댈 수 있는 위치이기만 하면 다양한 상황에서 사용할 수 있습니다.

하이·드롭니는 홀드를 미는 발이 높은 위치에 있는 경우인데, 이 자세에서도 무브를 시작하거나 휴식을 할 수 있습니다.

드롭니를 이용한 발 플래깅

클라이밍은 다리 힘을 최대한 사용해야 하는 것과 떼려야 뗄 수 없는데, 이 무브는 드롭니 중에도 가장 정교한 대표적인 무브입니다. 미는 발 쪽에는 커버 홀드가 있지만 디딤발 쪽에는 홀드가 없는 경우에는 카운터 밸런스가 됩니다. 따라서 이때 드롭니를 이용한 발 플래깅을 사용하려면 홀드를 발끝으로 끌어내리는 동작으로 몸을 상승시켜야 합니다.

이 무브에서도 중요한 것은 몸 전체의 비틈을 이용해서 상승하는 움직임을 만들어 내는 것이다.

몸을 측면으로 만들어서 홀드를 잡으러 가는 손이 어깨부터 올라나가는 느낌, 턱은 당긴다는 느낌으로 수행한다.

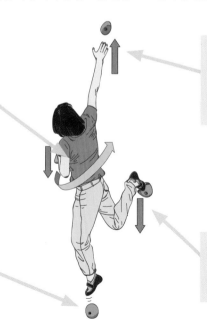

이쪽에 발 홀드가 있으면 일반적인 드롭니가 된다. 만약 발 홀드가 없다면 스미어링이나 점프로 대응한다.

이쪽 발은 커버 홀드에 걸친 다음 끌어 내린다는 느낌으로 수행한다.

2 스테밍

발을 홀드에 대고 버티는 무브

스테밍은 발을 홀드에 대고 버티면서 안정을 도모하는 무브로, 코너나 그루브(완만한 각도의 오목한 면)에서 사용합니다. 발이 있는 지점에 홀드가 있다면 당연히 그 홀드를 밟으면 되지만 홀드가 없다면 스미어링을 이용해서 안정을 유지합니다.

※ STEM: 대고 버티다.

● 적용하는 경우

벽이나 지형이 오목한 곳에서 주로 사용하지만, 큰 삼각형 형태의 볼륨 홀드가 거의 같은 높이에 있고 양발을 대고 버틸 수 있는 곳이라면 사용할 수 있습니다.

● 시퀀스

양발을 발 홀드에 올려놓고, 상체를 벽 쪽으로 넘어뜨린다는 느낌으로 만듭니다. 발 홀드가 없다면 스미어링으로도 할 수 있습니다.

● 무브의 요소

양발이 바깥쪽을 향하고 상체가 안쪽으로 향하면서 밸런스가 **안쪽으로 기울어지는**, 말하자면 안정된 방향으로 작용합니다.

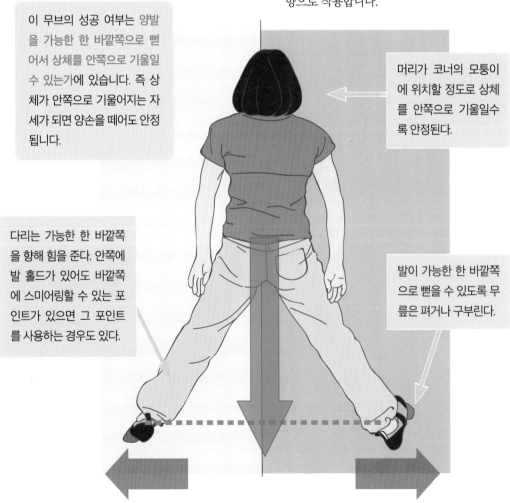

이 무브의 성공 여부는 양발을 가능한 한 바깥쪽으로 뻗어서 상체를 안쪽으로 기울일 수 있는가에 있습니다. 즉 상체가 안쪽으로 기울어지는 자세가 되면 양손을 떼도 안정됩니다.

머리가 코너의 모퉁이에 위치할 정도로 상체를 안쪽으로 기울일수록 안정된다.

다리는 가능한 한 바깥쪽을 향해 힘을 준다. 안쪽에 발 홀드가 있어도 바깥쪽에 스미어링할 수 있는 포인트가 있으면 그 포인트를 사용하는 경우도 있다.

발이 가능한 한 바깥쪽으로 뻗을 수 있도록 무릎은 펴거나 구부린다.

아슬아슬함 속에 안정감이 있다.

벽 쪽으로 몸을 안정시키기 위해서는 발은 바깥쪽으로 향하고 상체는 안쪽으로 향하게 만들어야 합니다. 발을 벽에서 떼고 상체를 벽에 갖다 대면서 무게 중심이 벽 쪽으로 위치하게 되면 몸이 바깥쪽으로 기울어지는 것을 막을 수 있습니다.

그림 1처럼 발 홀드만 있는 오버행에 평범하게 서면 무게 중심이 발보다 뒤에 위치하기 때문에 기울어집니다. 그림 2와 같이 상체를 벽에 붙이고, 발끝으로만 발 홀드의 가장자리에 서면 무게 중심이 앞으로 들어가서 안정됩니다. 그림 3은 코너에서 스테밍을 할 때도 될 수 있는 한 상체를 안쪽으로 기울여서 안정감을 유지하는 예입니다.

그림-1   그림-2   그림-3

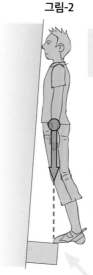

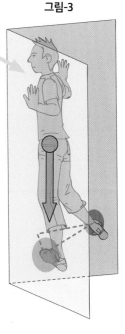

상체는 가능한 한 안쪽으로 기울인다.

발 전체를 홀드에 다 올리는 것보다 발끝만으로 홀드의 바깥쪽에 서는 것이 더 안정감 있다.

무게 중심이 발 위치보다 안쪽으로 들어오기 위함이다.

스테밍도 110p에서 드롭니를 할 때 허리를 가라앉히는 예와 같이, 발의 간격이 넓을수록 발로 누르는 힘이 더 들어갑니다. 이것은 받침점(다리)과 작용점(발)의 위치가 가까워지기 때문입니다. 그렇기 때문에 발의 위치가 벽에 아슬아슬하게 걸치는 위치라도 안정감은 높아지는 것입니다.

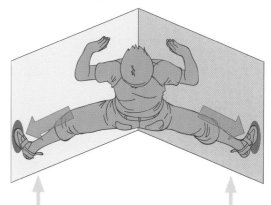

벽 가장자리에 가까워지더라도 안정감을 우선시한다.

코너에서는 발을 크게 벌려야 안정감이 더 높아진다.

3 레이백

손으로 홀드를 당기고 발은 발 홀드에 밀어서 버티는 심플한 무브

레이백은 세로 방향으로 늘어선 홀드를 올라갈 때 사용합니다. 세로로 된 홀드를 손으로 당기고 발 홀드를 발로 밀어서 버티는 움직임을 좌우 반복하면서 올라가는데, 자세가 무너지기 쉽기 때문에 밸런스를 잘 유지하는 것이 중요합니다.

※ LAYBACK: 몸을 젖히는 자세가 되다.

● 적용하는 경우

수직 벽부터 완만한 오버행까지 사용 가능하며, 홀드가 세로 방향으로 늘어서 있는 곳 혹은 발로 밀고 손으로 당길 수 있을 만한 크기의 홀드가 있는 곳에서 사용합니다.

코너의 테두리나 크랙, 또는 수직으로 된 형태의 홀드 등이 있는 때가 이에 해당됩니다.

● 시퀀스

양손으로 세로 모양의 홀드를 당기고 양발로 홀드를 밀면서 벽을 따라 올라가는 자세로, 손발을 번갈아 옮기면서 올라갑니다.

● 무브의 요소

발을 높은 위치에 올리면 자세는 안정되지만 손에 부담이 가해지기 때문에 빨리 지칩니다. 그렇기 때문에 밸런스와 등반 속도를 잘 조절하는 것이 중요합니다.

한 손은 엄지손가락이 아래 방향으로 가게 만들고, 다른 한 손은 위쪽으로 가게 만들어서 오른다. 손을 교차해 나가는 크로스(cross)를 사용하면 빨리 오를 수 있지만 같은 손을 반복해서 먼저 진행하는 보내기 무브로 하는 것이 밸런스는 더 좋은 상태가 된다. 엄지손가락 사이에 홀드를 끼워서 잡으면 몸의 회전을 막는 요소가 된다.

발은 한쪽은 인사이드로, 다른 한쪽은 아웃사이드로 밟는다. 이쪽도 보내기 무브로 번갈아 보내는 방법과 크로스(cross)로 거리를 버는 방법이 있다.

몸의 측면이 벽에 붙을 정도로 만들면 밸런스가 좋아집니다. 하지만 손으로 강하게 당기고 발로 강하게 밀면 밸런스는 좋아지지만 빨리 피로해집니다.

무게 중심

발을 높은 위치에 올리면 무게 중심이 홀드를 잡은 곳에서 떨어지기 때문에 밸런스를 잡기 쉬워지지만 손에 가해지는 부담이 증가해서 쉽게 피로해진다.

세로 방향에서의 밸런스에 대하여

블록 쌓기 놀이에 쓰는 나무블록에 쇠로 된 고리를 달고 세로로 세워진 봉에 통과시킵니다. 왼쪽 그림의 나무블록은 그대로 떨어져 버리지만, 오른쪽 그림의 나무블록은 무게 중심이 봉에서 멀고 윗부분은 당기는 힘이, 아랫부분은 밀어내는 힘이 가해지기 때문에 안정됩니다.

레이백의 밸런스 상태도 이 예와 마찬가지입니다. 홀드를 잡고 있는 곳에서 무게 중심이 멀수록 지레 효과가 강하게 작용하기 때문에 더욱 안정됩니다.

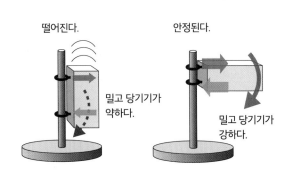

떨어진다.

안정된다.

밀고 당기기가 약하다.

밀고 당기기가 강하다.

가로 방향에서의 밸런스에 대해

레이백은 홀드를 잡고 있는 지점에서 좌우의 손발이 수직선상에 모여 있기 때문에, 홀드를 잡고 있는 곳이 회전축이 되어 몸이 회전하기 쉬운 상태입니다. 그렇다면 물체의 회전 운동의 성격을 통해 회전을 막는 움직임에 대해 한 번 살펴봅시다.

레이백을 위에서 본 그림

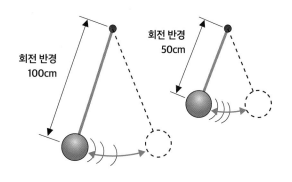

회전 반경
100cm

회전 반경
50cm

레이백은 손발이 붉은 점선의 선상에 모여 있기 때문에 밸런스가 무너져서 벽과 반대 방향으로 회전하기가 쉽습니다. 이는 손발 부분을 축으로 한 진자 운동과 같은 상태입니다. 진자는 현의 길이가 짧을수록 그 주기(무게 추의 왕복 시간)가 짧아집니다. 피겨 스케이팅에서 회전을 할 때 팔이나 다리를 움츠리면 빨리 도는 것도 이 때문입니다.

즉 팔을 움츠린 형태의 레이백과 뻗은 형태의 레이백은 밸런스가 무너지는 시간이 다릅니다. 중력이 영향을 미치는 진자의 경우, 현의 길이가 1m와 50cm일 때를 비교하면 50cm일 때가 0.8초 정도 빠르게 흔들립니다. 레이백은 가로로 향해 있기 때문에 회전 스피드는 더 늦지만, 속도의 변화가 없다면 팔을 50cm 정도 더 뻗으면 40% 정도 천천히 회전하기 때문에 자세를 제어하기가 쉽습니다.

손발과 무게 중심 사이의 간격이 좁다

불안정

가로로 도는 회전 스피드가 빠르다.

무게 중심

세로축의 모멘텀이 약하다.

손발과 무게 중심 사이의 간격이 넓다

안정

가로로 도는 회전 스피드가 느리다.

무게 중심

세로축의 모멘텀이 강하다.

물리적 관점과 레이백

1. 손발을 뻗으면 가로로 도는 회전 스피드가 떨어져서 밸런스를 컨트롤하기 쉽습니다.

2. 손발을 뻗으면 무게 중심이 회전축과 멀어집니다. 그렇기 때문에 세로축의 모멘텀이 커져서 손에 강하게 당기는 힘이 생기고 발에 강하게 밀어내는 힘이 가해져서 근력을 사용하지 않아도 홀드를 잡는 힘이 증가합니다.

4 니바

● 적용하는 경우

발을 홀드에 올려놓았을 때 무릎 쪽에도 큰 홀드가 있거나 아래를 향해 있는 턱이 있는 곳에서 사용합니다.

● 시퀀스

위아래의 홀드 사이에 정강이를 중심으로 무릎부터 발을 넣으면서 지지대처럼 반력을 얻습니다. 서스펜션처럼 발목의 각도로 길이를 조절해서 압력이 적당히 가해지도록 합니다.

● 무브의 요소

무릎을 이용해서 위에 있는 홀드를, 발을 이용해서 아래에 있는 홀드를 밀듯이 하면서 짝힘 효과를 줍니다. 발목을 아래로 미는 근육은 매우 강한 힘이 있기 때문에, 성립 조건만 맞으면 손을 사용하지 않는 레스트 자세도 할 수 있습니다.

니바의 대부분은 레스트에 사용된다. 하지만 무릎의 고정을 해제하고 올라갈 때는 밸런스가 깨지지 않도록 주의한다.

클라이밍을 실제로 할 때는 니바를 할 수 있는 위치를 발견하는 것은 어렵지만 일단 적용이 가능한 곳에서 적용을 하면 상당히 편하니 무브를 잘 익혀 두자.

발목의 각도로 니바의 길이를 조절한다.

5 사이드 푸시(side push)

● 적용하는 경우

세로 방향으로 된 손 홀드에 대해 발 홀드도 세로 위치에 있고 온몸으로 대고 버틸 수 있는 곳입니다.

● 시퀀스

몸 전체를 이용해서 홀드에 대고 버티는 무브입니다. 손과 발은 서로 대각이어야 더 안정되지만, 여의치 않을 경우에는 평행인 상황에서도 가능합니다.

● 무브의 요소

무브 중에서는 홀드에 대고 버티는 거리가 가장 먼 무브입니다. 기본적으로는 팔을 끝까지 뻗은 다음 무릎의 각도를 통해 버티는 힘을 조절합니다.

손발 모두 홀드를 밀고 있기 때문에 힘의 배분이 가장 중요하다.

홀드를 잡고 있는 손과 발의 거리가 멀기 때문에 복근이나 등 근육 등 안정근이 강해야 한다.

116

● 적용하는 경우

어깨 위쪽으로 큰 홀드가 있거나 홀드를 손으로 대고 버틸 수 있을 만한 턱이 있는 장소입니다. 턱은 아래로 향해 있는 것이 일반적이지만 옆으로 향해 있는 턱이 있을 때도 사용할 수 있습니다.

● 시퀀스

손은 어깨 위에 위치시키는 것이 기본으로, 어깨보다 아래에 있으면 손이 받침 점(어깨)에서 멀어지기 때문에 힘을 적절하게 사용하기가 어려워집니다. 손의 힘을 가장 잘 발휘할 수 있는 때는 어깨 바로 위에 있을 때이므로 그 위치가 될 수 있도록 몸의 위치를 조절합니다. 이 무브는 발도 손과 같은 쪽에서 미는 것이 기본이고 그것이 힘을 발휘하기도 쉬워지는데, 손과 발이 대각인 경우에도 적용은 가능합니다.

팔의 각도와 발의 각도를 이용해서 힘이 가장 많이 들어가는 위치를 조절합니다.

● 무브의 요소

손으로 밀 수 있으며, 아래 방향으로 향한 적당히 큰 홀드나 턱이 없으면 이 무브를 사용하기 어렵습니다. 하지만 일단 잘 들어맞으면 손가락굽힘근을 사용하지 않는 무브이기 때문에 충분한 레스트(휴식) 자세가 됩니다. 또 손바닥 아래쪽을 이용해서 밀면 힘을 가장 잘 발휘할 수 있고 손가락의 힘을 사용하지 않아도 됩니다.

> 팔 힘으로 밀어 올리는 것보다도 어깨를 비틀어 올리는 것이 힘을 더 넣기 쉽다.

> 손바닥을 어깨의 바로 위에 위치시키면 힘을 가장 효과적으로 사용할 수 있다.

어퍼 푸시 무브를 응용한 세로 방향 푸시

> 어깨 위에서 홀드를 미는 자세는 세로 형태로 된 턱에서도 이용할 수 있다. 하지만 이 무브는 홀드를 진행 방향을 향해 밀기 때문에, 홀드를 미는 힘을 풀면서 나갈 때 밸런스를 잘 조절해야 한다.

> 받침점을 세 개로 만들기 위해서 양발이 약간 벌어지는 느낌이 되는 위치를 선택한다.

동적 무브 계통

먼 거리를 한 번에 이동하는 다이내믹한 움직임

최근의 클라이밍에서는 다이내믹한 움직임 없이는 클라이밍을 제대로 하지 못할 정도로 동적 무브가 많은 상황에서 사용되고 있습니다.

클라이밍에서 힘을 효율적으로 발휘하는 방법에는 기술적인 움직임으로 동작을 길게 하면서 작은 힘을 사용하는 방법과, 동작을 강하고 짧게 하면서 강한 반동을 이용하는 방법이 있습니다. 이런 움직임들은 적용 장소에 따라 적합한 동작을 선택하면 되겠지만, 당연히 기술적으로는 양쪽을 다 익혀 둘 필요가 있습니다. 다이내믹한 무브는 움직이는 그 순간만 주목받기 마련인데, 사실 그러한 퍼포먼스가 나오기 전에 준비 동작이 다 있습니다. 준비를 위한 움직임들이 정확하고 서로 잘 연계되어야 먼 거리를 다이내믹하게 이동할 수 있습니다.

다이내믹한 움직임을 만들어 내는 요소

다이내믹한 움직임을 하기 전에는 반드시 반동을 만드는 동작이 있어야 합니다.

예를 들면 수직 뛰어오르기에서는 서 있는 상태에서 바로 점핑을 한다면 무릎을 굽혔을 때보다 더 높은 위치에서 뛰어오를 수는 있지만, 두 팔을 앞뒤로 크게 흔들면서 무릎을 여러 번 굽혔다 폈다 하는 동작을 한 뒤에 뛰어오르면 더 높게 뛸 수 있습니다.

클라이밍의 런지에서도 먼저 허리를 낮춘 다음 타이밍을 맞춘 뒤에 뛰어오릅니다. 이처럼 많은 스포츠에서 다이내믹한 움직임을 하기 전에 공통적인 동작이 동반되는 것은 그 움직임에 공통적인 원리가 존재하기 때문입니다. 수직 뛰어오르기나 런지 등에서 반동을 만드는 것은 아래와 같은 특성을 이용하기 때문입니다.

① 물리적 가속도·작용·반작용을 이용
② 근육과 힘줄의 탄성을 활용
③ 근육에 명령을 내리는 신경적 요소

수직 뛰어오르기
두 팔의 스윙과 무릎 굽혔다 펴기를 여러 번 하면서 반동을 만든 뒤에 뛰어오릅니다.

런지
스쿼트 같은 움직임을 반복하면서 진폭을 크게 만든 다음에 뛰어오릅니다.

물리적 요소

가속도

수직 뛰어오르기를 할 때, 무릎을 조금씩밖에 굽히지 않으면 더 높은 위치에서 시작을 할 수 있지만, 실제로는 많이 웅크려야 더 높게 뛸 수 있습니다. 많이 웅크려야 몸을 밀어 올리는 에너지가 되는 다리의 힘을 더 많이 사용할 수 있기 때문입니다.

가속도는 단위 시간당 속도의 변화량입니다. 속도는

힘을 계속 가하면 빨라집니다. 점프를 할 때 발로 미는 힘이 일정하더라도 많이 웅크릴수록 미는 힘을 길게 가할 수 있습니다. 점프 거리는 뛰어오를 때의 초속에 비례하기 때문에 속도가 빠를수록 비거리가 나오게 되는 것입니다.

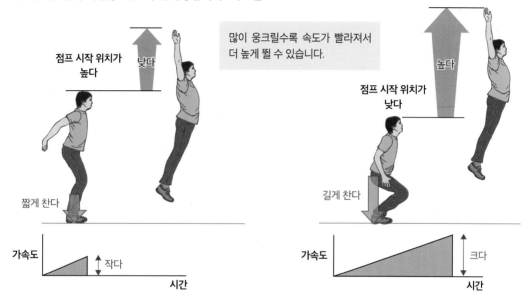

작용·반작용

공을 지면에 강하게 내려치면 더 높게 튕기는 것은 작용·반작용의 힘이 작용했기 때문입니다. 마찬가지로,

점프에서도 많이 웅크릴수록 지면으로부터 강한 반발력을 얻게 되어서 높이 뛸 수 있습니다.

※ 너무 많이 웅크리면 근육 힘을 효율적으로 발휘하는 범위를 넘을 수 있습니다. 따라서 적절한 범위 내에서 웅크립니다.

근력적인 요소

근육의 탄성 요소

근육은 수축하면서 힘을 발휘합니다. 예를 들면 가슴 앞에서 덤벨을 들 때는 상완의 안쪽 근육(상완 이두근)을 수축시켜서 들어 올립니다.

이때 덤벨을 내린 채로 있다가 갑자기 들어 올리는 것보다도 일단 올렸던 덤벨을 살짝 내린 뒤 다시 들어 올리면 더 빠르게 올라갑니다.

이 순간 근육에서는 탄성력이 발휘됩니다. 일반적으로 근육은 최대 이완된 상태와 최대 수축한 상태의 중간 지점에서 가장 큰 힘을 발현할 수 있다고 알려져 있습니다. 하지만 필요한 관절 각도보다 더 펴면, 근육과 뼈 사이에 있는 힘줄이 고무 같은 탄성을 지니고 있어 강제적으로 늘어나면서 수축하려는 힘이 응축됩니다. 역기의 경우에는 손을 내림으로써 힘줄이 살짝 늘어나고, 올리는 순간에 탄성적으로 모아 두었던 수축력이 덤벨을 끌어 올리는 에너지가 됩니다.

근육의 특성	팔을 뻗은 뒤에 한 번에 끌어 올리는(A의 움직임) 것보다 팔을 살짝 올린 다음에 재빠르게 내려서 반동을 사용하면서 다시 끌어 올리는(B의 움직임) 방법이 더 빠르게 움직입니다.

A: 팔을 뻗은 뒤에 한 번에 끌어 올린다.

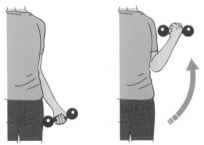

B: 팔을 재빠르게 내려서 반동을 얻어서 끌어 올린다.

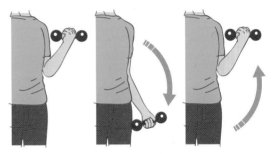

팔을 굽히는 역할을 하는 근육은 알통에 해당하는 상완 이두근이며, 팔을 뻗는 역할을 하는 근육은 그 반대편의 위팔 부분에 있는 상완 삼두근입니다. 근육의 양쪽 끝에 있는 힘줄이 뼈와 연결되어 있으며, 힘줄은 탄성력이 있는 조직입니다. 상완 삼두근을 사용해서 팔을 빠르게 뻗으면 상완 이두근의 힘줄이 살짝 늘어난 상태가 됩니다.

그렇기 때문에 위의 그림에 있는 덤벨의 움직임에서는 힘줄이 수축하려는 움직임을 이용할 수 있는 B쪽이 덤벨을 끌어 올리는 스피드가 더 빨라집니다.

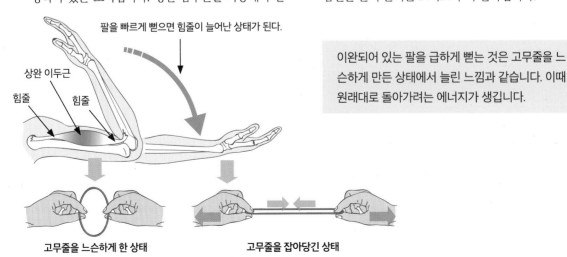

팔을 빠르게 뻗으면 힘줄이 늘어난 상태가 된다.

상완 이두근

힘줄   힘줄

고무줄을 느슨하게 한 상태   고무줄을 잡아당긴 상태

이완되어 있는 팔을 급하게 뻗는 것은 고무줄을 느슨하게 만든 상태에서 늘린 느낌과 같습니다. 이때 원래대로 돌아가려는 에너지가 생깁니다.

신경적인 요소

신장 반사

일반적으로 운동을 할 때는 대뇌피질 속의 운동을 제어하는 장소에서 '어느 방향으로 어느 타이밍에 몸을 움직이게 해라'와 같은 수의적 운동 명령을 보냅니다.

그러나 몸이 뇌를 거치지 않고 반응할 때도 있습니다. 이것이 '반사'라고 불리는 운동으로, 뜨거운 것에 닿았을 때 손가락을 움츠리는 동작 등이 여기에 해당합니다.

신장 반사는 이 동작 중 하나로, 근육이 급하게 늘어났을 때 그 위험 신호에 의해 수축을 시작하는 것을 의미합니다.

근육이 과도하게 늘어나면 근육은 상처 입는 것을 방지하기 위해 척수에 위험 신호를 보내는데, 신호를 받은 척수는 뇌를 거치지 않고 그 자리에서 근육을 움직이게 합니다.

수직 뛰기의 예비 동작인 스윙에서는 다리 근육이 급하게 늘어나기 때문에 거기에 반응해서 신장 반사인 근수축이 생기는데, 그것이 통상적으로 근육의 수축을 증가시키는 이유가 됩니다.

수의 운동

자신의 의사로 이루어지는 운동으로, 뇌는 눈으로부터 받은 정보나 근육에 가해지는 부하 등이 신경을 통해서 보내지면 근육에 대해 힘의 강도나 움직이는 방향 등 운동 명령을 내립니다.

신장 반사

근육이 필요 이상으로 늘어나면 근육 속의 감각기관이 위험 신호를 척수에 보냅니다. 척수는 그 신호를 뇌에 보내지 않고 근육에 직접 운동 신호를 보냅니다.

팔 근육 반사 운동의 예

일반적으로는 대뇌에서 의식적 신호가 간다.

급할 때는 대뇌까지 신호가 가지 않고 척수에서 신호를 보내서 근육이 반응한다.

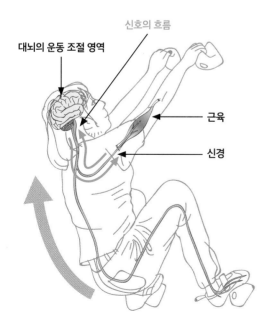

신호의 흐름

대뇌의 운동 조절 영역

근육

신경

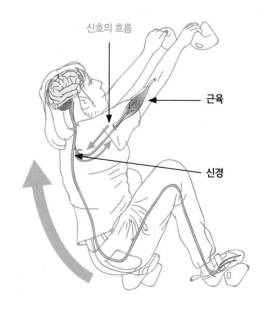

신호의 흐름

근육

신경

다이내믹한 움직임의 요점을 정리한다.

발 홀드에 가해지는 무게

수직 뛰기에서 사람이 위쪽으로 뛸 수 있는 것은 체중 이상의 힘이 아래로 작용하기 때문입니다. 실제로는 체중의 3배 이상의 힘을 바닥에 가하고 있는 것이 됩니다. 체중이 60kg인 사람이라면 200kg에 해당합니다.

스윙의 타이밍

점프에서는 뛰어오를 때의 속도가 도달할 수 있는 높이를 결정짓습니다. 그러나 팔을 흔들거나 무릎을 굽혔다 폈다 하는 동작을 빠른 속도로 수행했다고 해서 무조건 높게 뛸 수 있는 것은 아닙니다. **근육은 늦게 수축할 때 더 큰 힘을 발휘할 수 있는 특성이 있기** 때문에, 무릎을 굽혔다 폈다 하는 동작의 패턴은 체중을 최대한 밀어 올리기 위한 근육의 특성과 맞춰 줘야 합니다. 또 팔로 당기는 타이밍과 발로 발 홀드를 미는 반력이 최대가 되었을 때에 맞춰서 뛰어올라야 합니다. 말로 설명하면 복잡하지만 실제로 여러 번 런지를 할 때 스윙 속도를 시험해 보면서 가장 좋은 타이밍을 알아냅시다.

힘줄의 탄성 효과

수직 뛰기를 할 때 다리 근력이 하는 일 중에서 약 40%는 힘줄(이 경우에는 아킬레스건)의 탄성에 의한 것이라고 알려져 있습니다. 하지만 시험 삼아 한번 웅크린 자세에서 의식적으로 무릎을 빠르게 펴 보더라도 점프할 수 있을 정도의 속도는 되지 않음을 알 수 있습니다. 또 발목을 빠르게 바닥 쪽으로 굽히더라도 속도에는 한계가 있습니다. 그럼에도 불구하고 몸 전체의 반동 동작을 사용해서 수직 뛰기를 했을 때 높게 뛸 수 있는 것은 몸을 흔들면서 작용·반작용이라는 물리적 요소와 힘줄의 탄성에 의한 효과가 높아지기 때문입니다.

준비 동작

런지에서 스윙 같은 반동 동작을 하지 않고 갑자기 뛰어오르기보다는 여러 번의 반동 동작을 수행하면서 **동작을 인식하면 뛰어오르는 각도나 스피드를 의식하는 것이 가능합니다.** 또한 강한 근력을 발휘할 수 있도록 집중력을 높이는 방법이 되기도 합니다.

양손을 뗄 수 없을 때는 잠깐 동안 무중력 상태를 만든다.

● 적용하는 경우

양손으로 잡고 있는 홀드가 매우 작거나 혹은 잡고 있기 어려운 홀드에서, 한 손을 떼서 다음 홀드를 잡으러 갈 수 없는 상태일 때 사용합니다.

● 시퀀스

양손을 이용해 몸을 벽 쪽으로 빠르게 끌어당겨서 손이 체중을 느끼지 못하게 된 순간에 곧바로 다음 홀드를 잡으러 갑니다. 홀드를 잡았다면 몸이 벽과 멀어지게 만드는 반동에 버틸 수 있도록 집중합니다. 무브를 시작하기 전에 동작을 잘 수행할 수 있는 발 홀드에 발을 정확하게 올려놓는 것도 중요합니다.

● 무브의 요소

양손을 이용해서 몸을 벽 쪽으로 당기면 체중에 대한 손의 부담이 순간적으로 약해져서 무중력 상태가 됩니다. 그 찰나의 순간에 한 손을 뻗어서 다음 홀드를 잡습니다.

그러나 타이밍이 엇나가서 손을 너무 빠르게 뻗으면 뻗는 거리가 부족할 수 있습니다. 또 너무 늦게 뻗으면 몸이 뒤로 젖혀지는 상태가 되어서 홀드를 잡는 순간에 손에 너무 많은 부하가 걸리기 때문에 적절한 타이밍에 무브를 수행하는 것이 중요합니다. 잡은 홀드를 연달아 부드럽게 손에 쥐는 듯한 타이밍이 최적이라고 말할 수 있습니다.

이 무브를 할 때는 양손으로 홀드를 끌어당기는 것에만 의지하지 말고 상체의 움직임을 잘 이용하는 것도 의식합니다.

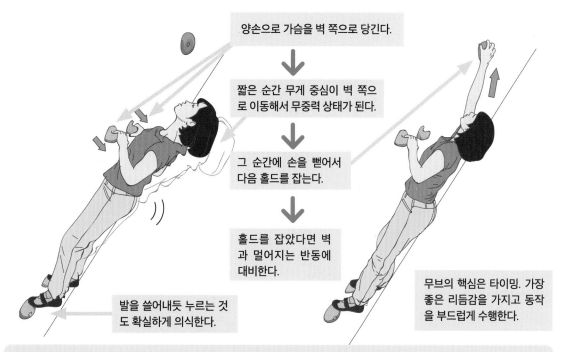

양손으로 가슴을 벽 쪽으로 당긴다.

짧은 순간 무게 중심이 벽 쪽으로 이동해서 무중력 상태가 된다.

그 순간에 손을 뻗어서 다음 홀드를 잡는다.

홀드를 잡았다면 벽과 멀어지는 반동에 대비한다.

발을 쓸어내듯 누르는 것도 확실하게 의식한다.

무브의 핵심은 타이밍. 가장 좋은 리듬감을 가지고 동작을 부드럽게 수행한다.

습득 방법
이 무브는 짧은 거리를 재빠르게 움직이기 위한 동적 무브인데 타이밍이 중요합니다. 한 손으로는 홀드를 잡은 상태를 유지하고 진행하는 손은 연속적으로 이어지는 큰 홀드를 당겨 잡는 것으로, 다시 다음 홀드를 잡는 데드 포인트 타이밍을 연습할 수 있습니다.

멀리 있는 홀드에는 마치 공중곡예를 하는 듯한 무브로 대응

● 적용하는 경우

홀드 사이의 거리가 멀거나 경사가 심해서 보통의 정적인 끌어당기기로는 이동 거리를 제대로 만들기 힘든 곳에서는 점프를 해서 한 손 또는 양손으로 다음 홀드를 잡는 무브를 수행하여 이동합니다.

● 시퀀스

양손으로 홀드를 잡고 발을 홀드에 확실하게 올려놓습니다. 그리고 일단 허리를 내려서 타이밍을 잰 다음, 여러 번 스윙을 하면서 반동을 실은 뒤에 목표 홀드로 뛰어오릅니다. **추진력은 다리 힘과 팔로 끌어당기는 힘으로 얻습니다.**

● 무브의 요소

런지의 중요한 요소는 몸을 스윙하면서 손과 발의 반동에 의한 힘을 이용하는 것입니다.

발은 가장 강력한 추진력이 되지만, 뛰어오르는 방향을 컨트롤할 필요가 있습니다. **손은 끌어당기는 방향과 뛰어오르는 방향을 제어하는 역할을 합니다.** 또 몸이 일정한 높이까지 올라갔다면, **홀드를 잡으러 가는 손의 반대쪽 손은 마지막까지 계속 밀어 주는 것이 중요합니다.** 가속도의 법칙 때문에 일단 움직이기 시작한 몸은 몸을 밀어 주는 손에 힘을 가하는 시간이 길어질수록 비거리를 더 길게 만들어 낼 수 있습니다. 이 손은 최종적으로는 흔들림을 막는 역할도 합니다.

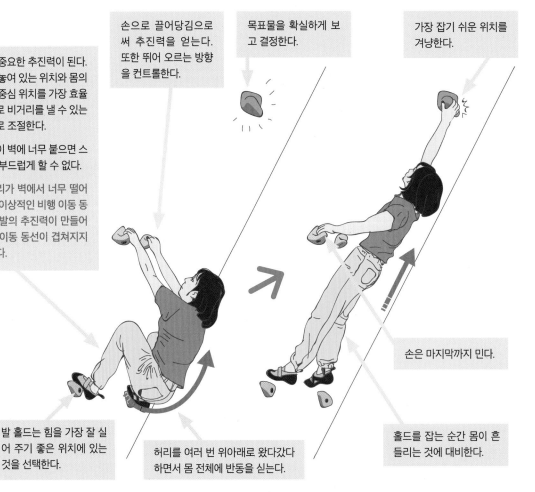

발은 중요한 추진력이 된다. 발이 놓여 있는 위치와 몸의 무게 중심 위치를 가장 효율적으로 비거리를 낼 수 있는 위치로 조절한다.

• 몸이 벽에 너무 붙으면 스윙을 부드럽게 할 수 없다.

• 허리가 벽에서 너무 떨어지면 이상적인 비행 이동 동선과 발의 추진력이 만들어 내는 이동 동선이 겹쳐지지 않는다.

손으로 끌어당김으로써 추진력을 얻는다. 또한 뛰어 오르는 방향을 컨트롤한다.

목표물을 확실하게 보고 결정한다.

가장 잡기 쉬운 위치를 겨냥한다.

손은 마지막까지 민다.

발 홀드는 힘을 가장 잘 실어 주기 좋은 위치에 있는 것을 선택한다.

허리를 여러 번 위아래로 왔다갔다 하면서 몸 전체에 반동을 싣는다.

홀드를 잡는 순간 몸이 흔들리는 것에 대비한다.

먼 거리의 런지는 다이내믹한 양손 런지로 대응

먼 거리의 런지는 손이나 발의 움직임뿐 아니라 몸 전체의 협응과 모멘텀을 이용한 동작입니다. 그렇기 때문에 처음에는 가까운 거리의 런지를 시도하면서 서서히 먼 거리에 대한 움직임을 연습해 나갑시다. 양손 런지는 추락했을 경우에 낙법 자세를 취하기 힘든 무브이기 때문에 떨어지는 자세에도 주의를 기울일 필요가 있습니다.

STEP.1
뛰어오를 준비

목표를 확실하게 정하고 비거리를 잽니다. 홀드를 잡았을 때의 반동을 생각해서 비거리를 정확하게 맞추도록 하여 가능한 한 흔들림을 적게 만듭니다.
좋은 런지를 하기 위해서는 발 홀드에 발을 올려놓을 위치도 확실하게 확인해 두는 것이 중요합니다.

눈은 다음 홀드를 보기 때문에 그 전에 발 홀드의 위치를 확실하게 확인합니다.

STEP.2
허리를 가라앉힌다.

손과 발의 반동을 이용하기 위해 1~3회 정도 몸을 위아래로 스윙한 다음에 뛰어오릅니다. 뛰어오르는 방향은 손으로 컨트롤합니다. 발디딤을 약간 빠르게 시작하면서 손발의 움직임을 맞춰서 추진력을 최대한으로 이용합니다.

일어선 상태에서 허리를 벽에 가까이 갖다 대고 뛰면 다리 힘을 확실하게 활용할 수 있습니다.

STEP.3
높은 도약

도달하는 거리는 속도의 제곱에 비례하기 때문에, 도약하는 순간의 속도가 10% 늘어나면 도달하는 거리는 약 21% 늘어납니다. 그렇기 때문에 뛰어오르는 힘을 확실하게 얻는 것이 중요합니다.
또 손은 가능한 한 홀드를 길게 잡고 있으면서 다 밀어 줄 수 있을 때까지 끝까지 사용합니다. 최종적으로는 양손이 몸보다 늦게 따라옵니다.

비거리는 목표로 하는 홀드를 손이 부드럽게 눌러 잡을 수 있는 높이가 가장 좋습니다.

STEP.4
홀드 잡기

집중력을 순간적으로 발휘해서 홀드를 잡습니다. 몸의 흔들림에 대비하는 것도 중요합니다. 잡을 홀드의 모양은 도약하기 전에 잘 관찰해 둡니다.
양손으로 동시에 잡을 때도 있고, 좌우의 손에 시간차를 갖고 잡을 때도 있습니다.

잡는 지점을 끝까지 계속 지켜보면 잡기에 가장 좋은 위치로 손을 움직일 수 있습니다.

시간차 홀드 잡기 양손 런지 중에서도 다음과 같은 상황에서는 한 손씩 시간차를 두고 수행합니다.

> 1. 런지 중에 한 손으로 계속 미는 것이 좋을 경우
> 2. 런지로 잡아야 할 홀드가 한 손으로만 홀드를 잡고 다른 손은 그 위에 포개 잡을 수밖에 없는 홀드인 경우
> 3. 런지를 연속적으로 해야 할 홀드들이 있고 홀드와 홀드 간격이 다를 경우

애매하게 멀리 있는 홀드는 반동 없는 런지로

● 적용하는 경우

정적으로 끌어당겨서는 닿지 않을 정도의 거리에 있
는 컨트롤하기 어려운 홀드를 잡아야 하는 상황에서,
런지를 하면 홀드에 도달하기는 하지만 홀드를 잡을
수 없는 가능성이 있을 경우에 사용합니다.

● 시퀀스

이 런지는 손이 홀드에 부드럽게 착륙하는 느낌으
로, 가능한 한 가장 낮은 높이로 뛰어야 합니다. 이때
무릎을 내려서 하는 큰 반동 뛰기가 아니라 몸 한쪽을
벽 쪽으로 끌어당겨서 가능한 한 가까운 거리에서 런
지를 수행합니다. 홀드를 잡으러 가는 손의 반대 손은
가능한 한 흔들리지 않도록 합니다.

● 무브의 요소

홀드를 잡은 순간의 반동을 최소한으로 만드는 것이
이 무브의 핵심입니다.

일반적인 런지는 비거리를 내기 위해서 타이밍을 맞
추면서 반동을 크게 만든 다음에 뛰지만, 홀드를 잡고
있는 양손을 끝까지 당긴 뒤 거리를 좁힌 다음 런지를
하거나 반동 없이 폴짝하고 뛰는 런지도 있다는 것을
알아 둡시다. 특히 잡으러 갈 홀드가 작거나 방향이 안
좋을 경우에는 숏 런지와 같은 런지가 효과적일 때도
있습니다.

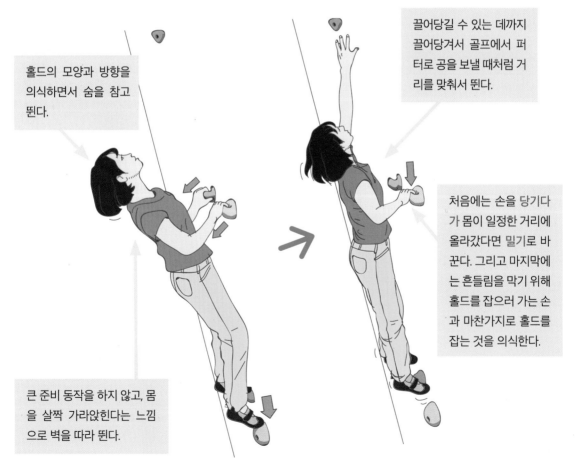

홀드의 모양과 방향을
의식하면서 숨을 참고
뛴다.

큰 준비 동작을 하지 않고, 몸
을 살짝 가라앉힌다는 느낌
으로 벽을 따라 뛴다.

끌어당길 수 있는 데까지
끌어당겨서 골프에서 퍼
터로 공을 보낼 때처럼 거
리를 맞춰서 뛴다.

처음에는 손을 당기다
가 몸이 일정한 거리에
올라갔다면 밀기로 바
꾼다. 그리고 마지막에
는 흔들림을 막기 위해
홀드를 잡으러 가는 손
과 마찬가지로 홀드를
잡는 것을 의식한다.

허리를 내린 다음 몸을 비스듬히 한 자세에서 뛴다.

● 적용하는 경우

크기가 작아서 한쪽 손으로 잡을 수밖에 없는 홀드에서 다음 홀드가 먼 경우에 사용합니다.

● 시퀀스

홀드를 잡고 있는 손에 매달리는 듯한 느낌으로 일단 허리를 내린 뒤, 다리 힘을 사용해서 비스듬한 자세에서 뛴니다. 홀드를 잡으러 가는 팔을 사이퍼 동작처럼 호를 그리는 느낌으로 휘두르면서 올리는 경우도 있습니다.

● 무브의 요소

몸을 웅크리기 때문에 목표 홀드에서 멀어지지만, 밸런스가 좋은 상태이기 때문에 다리 힘을 이용해 충분한 이동 거리를 만들 수 있습니다. 발은 양발을 사용할 수 있지만 한 손만으로는 허리를 위아래로 움직이는 반동을 사용하기 어렵기 때문에 가볍게 뜁니다.

한 손으로밖에 잡을 수 없는 곳, 혹은 양손으로 잡으면 밸런스가 무너지기 쉬운 곳에서의 런지 방법이다.

한 손으로 홀드를 잡고 몸이 안정되는 곳까지 허리를 내리거나 깊게 플래깅을 하고 있는 자세이다.

스윙을 약간 하거나 스윙 없이 홀드를 잡고 있는 손으로 당기면서 뛰어오른다.

시작할 때 홀드를 잡으러 가는 손은 밑으로 늘어뜨리면서 밸런스를 잡는다. 그리고 움직임은 이 손을 휘두르면서 올리는 동작에서 시작된다.

발의 균형적인 위치도 역시 흔들림을 방지하기 위한 중요한 요소이다.

홀드를 잡고 있던 손은 흔들림을 방지하기 위해 확실하게 잡고 있던 홀드에 남겨 둔다. 만약 남겨 두지 못할 만큼 다음 홀드가 멀리 있는 경우에는 다음 홀드를 잡으러 가는 손을 조금 늦게 따라간 뒤에 그 손을 감싸 주는 느낌으로 홀드를 잡는다.

흐르는 듯한 연속적인 움직임으로 잡을 수 없는 홀드를 넘어간다.

● 적용하는 경우

런지를 할 홀드가 너무 좋지 않아서 잡을 수는 없지만, 그 다음에 있는 2번째, 3번째 손 홀드들이 잘 연결되어 있을 때. 또는 좋은 발 홀드가 연속해서 몇 개 이어져 있는 경우에 사용합니다.

● 시퀀스

런지를 할 때 처음으로 잡는 홀드가 동작을 연결해 주는 중간 홀드가 되며, 그 홀드를 이용해 목표 홀드에 도달합니다. 복합적인 움직임이기 때문에 한 동작의 밸런스에만 집중하지 말고 최종적으로 안정되는 곳까지 몸을 자연스럽게 옮겨 나가는 것을 생각합니다.

● 무브의 요소

코디네이션은 분석과 연동 능력이라는 뜻입니다. 이 무브에서의 움직임은 2~3개의 무브를 한꺼번에 수행하는 것 외에도 무브가 체조적이고 아크로바틱한 요소를 포함할 때가 많습니다. 물론 자연 암벽 루트에서는 사용 빈도가 적지만 인공적으로 설치한 클라이밍 짐이나 대회에서는 빈번하게 사용합니다.

이 무브의 포인트는 몸의 중심축을 확실히 유지하면서 일련의 동작들을 도착 지점에서의 자세를 바탕으로 하여 움직인다는 것입니다.

코디네이션 런지의 예: ①~④까지는 일련의 동작들입니다.

일단 몸을 움직이기 시작하면 몸이 멈추는 곳까지 흐름이 이어지기 때문에 몸 각 부분의 연동이 중요해집니다. 그러므로 시작 단계에서 최종적으로 몸을 어떻게 컨트롤하고 싶은지를 떠올립니다.

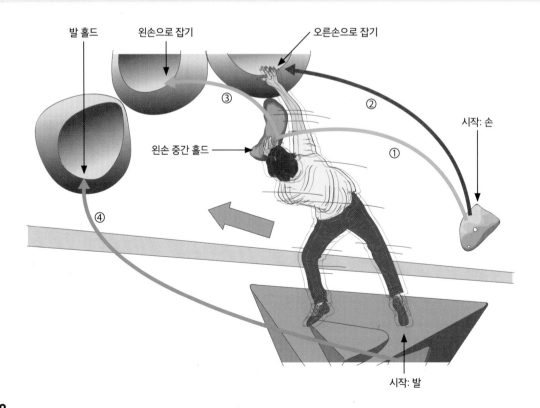

발 홀드   왼손으로 잡기   오른손으로 잡기
③
왼손 중간 홀드
②
시작: 손
①
④
시작: 발

옆으로 향하는 런지는 진자 운동과 같은 느낌의 스윙을 이용해서 거리를 만들어 낸다.

● 적용하는 경우

멀리 떨어진 옆쪽 또는 위쪽 사선에 목표 홀드가 있을 때. 벽의 경사는 어떠한 각도라도 상관없이 적용할 수 있습니다.

● 시퀀스

옆 방향으로 향하는 진자 형태의 스윙을 하기 위해서는 양손 및 양발 사이가 좁은 상태가 유리합니다. 하지만 한 발밖에 둘 수 없는 경우에는 다른 한 발을 벽에 스미어링하는데, 그 경우에도 스윙을 할 때마다 벽을 차면서 반동을 싣습니다.

● 무브의 요소

옆 방향으로 향하는 런지의 에너지를 얻기 위해서는 끌어당기는 동작보다 옆으로 휘두르는 동작이 더 효과적입니다. 그렇기 때문에 뛰는 방향의 반대 방향으로 크게 스윙하면서 반동을 크게 만듭니다.

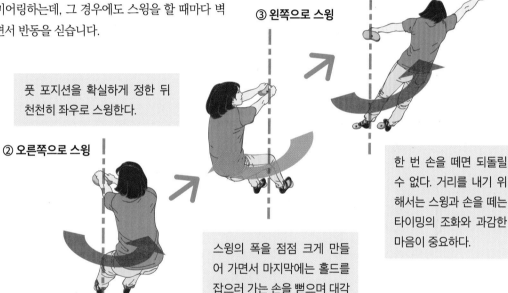

④크게 오른쪽으로 뛴다.

③ 왼쪽으로 스윙

풋 포지션을 확실하게 정한 뒤 천천히 좌우로 스윙한다.

② 오른쪽으로 스윙

한 번 손을 떼면 되돌릴 수 없다. 거리를 내기 위해서는 스윙과 손을 떼는 타이밍의 조화와 과감한 마음이 중요하다.

스윙의 폭을 점점 크게 만들어 가면서 마지막에는 홀드를 잡으러 가는 손을 뻗으며 대각 자세(이 경우에는 왼손으로 잡고 오른 발을 올려놓음)로 몸 전체를 크게 스윙한다.

① 정지

양손의 간격은 될 수 있는 한 가깝게 있어야 더 크게 스윙할 수 있다.
목표 지점까지의 거리감을 잰 뒤, 스윙의 폭을 결정한다.

NOTICE

옆 방향으로 향하는 충격 하중을 막으려고 할 때 어깨 관절에 무리가 가해지는 경우가 있습니다. 스포츠 장애의 35%가 어깨 관절에서 일어난다고 알려져 있습니다. 어깨는 앞과 위쪽으로 가동되는 만큼 로컬머슬(움직임의 제어를 위한 얇은 근육)이 복잡하게 배치되어 있습니다. 그래서 부상도 많이 입으므로 주의합시다.

다리의 진자운동을 추진력으로 삼아 움직인다.

● 적용하는 경우

홀드를 잡고 있는 손과 홀드를 밟고 있는 발이 같은 쪽(평행 상태)에 있고, 다음 홀드가 먼 곳에 있는 경우에 사용합니다.

● 시퀀스

처음에는 아웃사이드 플래깅을 하고, 한쪽 허리를 약간 깊게 가라앉힙니다. 그리고 양손으로 홀드를 당기면서 **플래깅하고 있는 발을 진행 방향으로 휘둘러 올린다는 느낌으로 추진력을 더해서 위쪽으로 올라가는 요소로 만듭니다.**

디딤발의 다리 힘을 끝까지 이용해서 나아간 다음, 마지막으로 한 손을 뻗어서 홀드를 잡습니다. 이러한 동작들을 연속적인 무브로 수행하면 이동 거리를 부드럽게 만들 수 있습니다.

● 무브의 요소

사이퍼는 플래깅하고 있는 발을 휘두르면서 올리는 동작을 추진력으로 삼아서 다음 홀드를 잡으러 가는 동적 무브입니다.

이 무브의 추진력은 양손을 당기는 것과 디딤발을 뻗는 것에 달려 있는데, 가장 중요한 요소는 플래깅하고 있는 발을 스윙할 때 생기는 에너지입니다.

제1스텝 - 모은다.

홀드를 양손으로 잡고, 다리를 살짝 깊은 아웃사이드 플래깅으로 만들어서 뛰어오를 준비를 합니다.

제2스텝 - 발을 휘두른다.

오른쪽 다리는 오른쪽으로 벌리면서 몸이 떠오르는 추진력으로 삼습니다. 그런 다음 양손으로 끌어당깁니다.

제3스텝 - 캐치

왼손을 중심으로 몸이 호를 그리는 듯한 이미지로 스윙하면서 오른손으로 홀드를 잡습니다.

왼손

왼발

오른발

오른쪽 다리는 플래깅. 가까운 곳에 좋은 발 홀드가 있으면 그것을 차면서 추진력으로 삼는다. 발을 여러 번 스윙하면서 하는 동적인 준비 동작을 사용할 수도 있다.

오른쪽 다리를 오른쪽 바깥쪽으로 차올리는 스윙을 추진력으로 삼는다.

왼손을 중심으로 오른쪽 다리로 호를 그리는 것처럼 다리를 뻗으면서 올라간다. 추진력은 양손으로 당기고 왼발로 밀면서 얻는다. 각 부위의 움직임을 잘 맞춰서 부드러운 흐름으로 만드는 것이 포인트.

추진력은 다리를 먼저 내보내면서 얻고 상체는 따라오는 형태

기본적인 무브에서는 양발의 다리 힘을 통해 발 홀드를 아래 방향으로 차면서 얻는 반력을 몸을 밀어 올리는 데에 사용합니다.

사이퍼는 물리적으로는 가속도를 이용하는 동적 무브입니다. 사이퍼에서는 디딤발을 이용해서 위쪽으로 밀지만 **스윙하는 다리가 던지듯이 위를 향해 먼저 움직**

이고, 그 다음 상체가 뒤따라가는 움직임을 가집니다. 이 무브는 일반적인 상황에서는 적용되지 않는 기술이기 때문에 양발로 추진력을 얻는 스쿼트 무브와 다르게 발의 스윙부터 시작해서 상체가 따라오고 한 손으로 잡는 것까지 하는 일련의 동작으로 수행하기 위한 특별한 트레이닝이 필요합니다.

가속도를 이용한 동작으로 무브를 시작하는 예

> **MEMO**
> 영국의 벤 문이라는 클라이머가 이 무브를 사용하여 사이퍼라는 루트를 오른 것에서 이름이 지어졌습니다.

드롭니는 양발을 좌우로 밀면서 위로 향하는 추진력을 얻습니다. 동적 무브로도 움직일 수 있지만 기본적으로는 정적인 무브입니다.

사이퍼는 플래깅하고 있는 발을 휘둘러서 올리는 동작을 첫 움직임의 추진력으로 사용하는 무브로, 동적으로 움직이지 않으면 효과가 없습니다.

바닥에 누워 있는 상태에서 몸을 일으킬 때 복근 운동처럼 상체부터 일으키면 말 그대로 복근의 힘이 필요합니다. 같은 자세에서 다리를 먼저 들어서 앞으로 미는 듯한 형태로 '시작 동작에 추진력'을 붙이면, 복근을 거의 사용하지 않고도 일어날 수 있습니다. **이렇듯 처음**

동작을 근파워가 강한 하반신으로 만들어 낸 뒤, 그 가속도를 연속적인 동작으로 끌어 올리는 힘과 연동시키는 것이 효율적입니다. 사이퍼도 그와 같은 연속적 무브 중 하나입니다.

그대로 몸을 일으키면 그야말로 복근을 이용한다.

발로 미는 반동을 사용하면 몸이 손쉽게 올라간다.

8 역 사이퍼(아웃 워드 플래깅)

플래깅을 하고 있는 발로 공중에 스윙을 해 나아가는 공중 동작

● 적용하는 경우

오버행에서 홀드를 잡고 있는 손과 홀드를 밟고 있는 발이 대각 상태에 있고, 다음 홀드의 위치가 먼 곳에 있는 경우에 사용합니다.

● 시퀀스

사이퍼와 거의 동일한 요소를 가진 무브입니다. 하지만 사이퍼는 홀드를 잡고 있는 손발이 평행이고 **이 무브는 대각 상태에서 하는 무브입니다.**

플래깅을 하고 있는 발을 조금 앞으로 든 뒤, 그 발을 반대 방향으로 강하게 스윙을 해 동적인 반력을 이용해서 플래깅을 하고 있는 다리의 반대쪽 손을 뻗습니다.

● 무브의 요소

시작은 사이퍼와 다르게 대각 포지션에서 합니다. 사이퍼는 플래깅을 하고 있는 다리를 옆쪽으로 스윙해 올리지만, 이 무브는 **앞쪽에서 뒤쪽으로** 움직여 **등쪽으로** 스윙해 올리는 것이 추진력이 됩니다.

제1스텝 - 자세를 잡는다.	제2스텝 - 다리를 내리면서 스윙한다.	제3스텝 - 잡기
홀드를 양손으로 잡고 자세는 아웃사이드인 카운터 밸런스로 발은 약간 크게 뻗어서 자세를 잡습니다.	뻗은 자세를 취하고 있는 다리(왼쪽 다리)를 내리듯 스윙한 후 살짝 늦게 오른손을 원 운동하는 느낌으로 던지듯이 뻗습니다.	다리는 스윙하는 반동을 이용해 등쪽으로 회전하게 되는데, 이 순간 오른손으로 홀드를 잡습니다.

왼손으로 잡기

오른손 뻗기

오른발 올려놓기

왼쪽 다리 플래깅

허리를 중심으로 왼쪽 다리를 아래 방향으로 스윙한다.

왼쪽 다리는 등쪽으로 회전을 계속한다.

왼손으로 홀드를 잡고 오른발을 발 홀드에 올려놓는 대각 형태로 기본 자세를 잡은 뒤, 무브의 동력이 되는 왼쪽 다리로 플래깅을 하면서 자세를 잡습니다.

회전력을 크게 만들기 위해 왼쪽 다리를 뻗은 채로 아래 방향으로 스윙한 뒤, 그 회전을 이용해서 회전 방향으로 오른손을 올립니다.

무브의 비결은 다리를 먼저 움직이게 만든 뒤 손을 조금 늦게 뻗는 것에 있습니다. 사이퍼는 다리를 가로 방향으로 휘두르지만 이 무브는 다리를 세로 방향으로 스윙하면서 앞쪽에 있는 홀드에 대응하는 것이 중요합니다. 그리고 스윙할 때는 발끝으로 휘두르는데, 이때의 주동근은 장딴지 안쪽에 있는 근육입니다.

발을 사용하지 않고 먼 홀드로 가기 위해서는 반동을 힘껏 사용해서 대응한다.

● **적용하는 경우**

　홀드를 잡고 있는 양손의 상태는 괜찮지만 발 홀드가 없고 다음 홀드가 먼 곳에 있는 경우에 사용합니다.

● **시퀀스**

　양손으로 턱걸이를 하듯이 몸을 들어 올린 다음, 다시 몸을 가라앉힌 뒤에 한 번에 끌어당기면서 올라갑니다.

● **무브의 요소**

　일반적인 런지는 다리 힘을 이용하지만, 이 무브에서 추진력을 얻을 수 있는 것은 오직 손뿐입니다. 그러므로 첫 번째 반동에서 몸을 상승시켰다가 팔이 거의 다 뻗어질 때까지 아래로 떨어뜨리면서 다시 반동을 얻습니다. 그리고 나서 양손으로 끌어 올리는 것과 팔 스윙의 연속 동작을 잘 맞추면 도달거리가 1m 이상이 됩니다.

무브 설명

　캠퍼스 런지는 동적 움직임의 요소를 가장 잘 반영한 무브입니다.

　일단 몸을 끌어 올린 뒤, 다시 몸을 내리면서 반력과 힘줄의 탄력을 이용합니다. 또 몸이 올라가기 시작할 때는 가속도를 이용해서 팔의 움직임을 끌어당기기에서 밀어올리기로 바꾸며 그 추진력을 마지막까지 이용합니다.

　그리고 몸 전체를 이용해 허공에서 노를 젓는 것처럼, 처음에는 등을 뒤로 구부렸다가 마지막에는 등을 곧게 펴면서 몸 전체가 '〉' 모양을 만듭니다. 이렇게 하면 마치 철봉에 달린 큰 수레바퀴처럼 등쪽으로 회전력이 걸리게 되고 그것이 위로 올라가는 힘이 됩니다. 이때 팔은 약간 펴고 겨드랑이가 살짝 벌린 상태를 유지합니다.

반동 턱걸이
일반적인 정적 턱걸이에서 이렇게까지 몸을 들어 올리는 것은 어렵습니다.

1 먼저 위쪽으로 몸을 끌어 올린다.

2 팔이 거의 다 뻗어질 때까지 내린다.

3 끌어당기기와 밀어 올리기를 이용해서 올라간다.

4 움직임을 끊지 않고 그대로 올라간다.

클라이밍 동작의 순서

손발을 움직이는 순서야말로 부드러운 클라이밍의 열쇠

클라이밍 동작의 순서는 '좌우 교대', '보내기', '바꿔 잡기', '크로스' 4개입니다. 아주 긴 루트도 이 조합이면 오를 수 있습니다.

클라이밍은 홀드를 잡아서 올라 나아가는데, 이때 좌우의 손을 번갈아가며 뻗어 나가는 것이 항상 효율적인 클라이밍이라고는 할 수 없습니다.

게다가 손을 움직이는 방법이 4개가 있다는 것은 발을 움직이는 방법도 4개가 있다는 뜻이 됩니다. 그렇기 때문에 하나의 루트를 올라갈 때도 손발을 움직이는 순서 조합이 굉장히 많습니다.

손동작 순서와 발동작 순서를 어떻게 조합할지 생각한다.

아래의 그림은 오른손으로 홀드를 잡으면서 출발한 경우, 다음 손동작(다음 발동작)을 선택하는 패턴입니다. 언뜻 보기에는 간단한 동작이 반복되는 것처럼 보이는 클라이밍이지만 살펴보면 순서의 종류는 무수히 많습니다. 좋은 클라이밍이란 이 조합 중에서 상황에 가장 잘 맞는 답을 계속해서 찾아가는 것이라고 말할 수 있습니다.

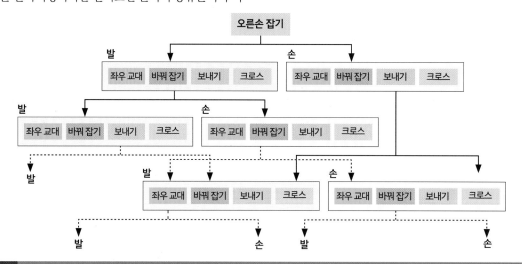

I 좌우 교대

사용 횟수가 많은 기본 방법

클라이밍의 기본 순서는 손을 좌우로 번갈아가며 뻗는 것입니다. 클라이머는 벽의 경사가 완만하고 홀드가 큰 루트에서는 자연스럽게 좌우의 손발을 번갈아가며 규칙적으로 뻗어 나갑니다. 그것은 바로 이 순서가 가장 안정된 자세이기 때문입니다.

그에 비해 **보내기 무브**는 손을 뻗고 있어서 움직이기 힘들어질 때도 있고, **바꿔 잡기**는 리치가 짧아서 밸런스가 안 좋아지는 경우도 있습니다. 또 크로스는 몸이 비틀려서 언밸런스한 상태가 될 때도 있습니다.

즉, **좌우를 번갈아 뻗는 것은 가장 좋은 밸런스 상태를 유지합니다. 그렇기 때문에 홀드를 잡는 느낌이 다소 좋지 않더라도 좌우 교대의 순서를 유지하는 것이 더 좋을 때도 있다는 점을 의식합시다.**

2 보내기 무브

중간의 연결 홀드를 효과적으로 이용한다.

클라이밍에서는 종종 '보내기'라는 순서를 사용합니다. 그것을 사용하는 경우는 아래와 같은 상황입니다.

① 바로 앞에 있는 홀드는 잡기 어려운데 그 다음의 홀드는 잡기 좋은 경우에는 바로 앞에 있는 홀드를 중간 연결 역할로 삼아서 그 다음 홀드를 잡는다.

② 다음 홀드의 방향이 좋지 않지만 반대쪽 손을 이용하면 좋은 방향에서 잡을 수 있는 경우에는 가까운 손 홀드를 건너뛰고 그 다음 홀드를 잡아서, 최종 홀드와 가까워진 다음에 건너뛰었던 그 홀드를 따라오는 뒷손

으로 잡는다.

③ 홀드 사이가 너무 가까워서 더 멀리 있는 홀드로 손을 뻗는 편이 더 좋을 경우에는 하나를 건너뛰고 그 다음 홀드로 진행한다.

그리고 보내기 무브는 반드시 홀드에 가까워지는 움직임과 한 쌍이 됩니다. 그렇게 때문에 안일하게 보내기를 했다가 홀드에 가까워지지 못하거나, 보내는 거리가 너무 커서 팔을 다 뻗어 버린 나머지 움직일 수 없게 되는 것도 생각해서 무브를 할 필요가 있습니다.

보내기 무브의 단계
①을 잡기 쉽고 ②는 중간 연결 홀드, ③은 잡기 쉬운 상황일 때에 보내기 무브를 실행합니다.

양손으로 ①을 잡는다. | 오른손을 ②로 보낸다. | 그리고 오른손을 ③으로 보낸다.

보내기의 순서와 가능한 여러 다양한 방법

①은 양손으로 잡습니다. 다음 홀드는 ②인데, 이 홀드를 잡기가 어려운 경우에는 이것을 건너뛴 뒤 ③을 잡는 것을 목표로 합니다.

이때 주의해야 하는 것은 ②를 잡으러 가는 것과 같은 무브를 이용해서 ③을 잡으러 갈 때, 몸을 펼친 상태에서 다시 한번 움직임을 일으키려 한다는 것입니다. 그렇게 하면 일단 움직임이 끊기기 때문에 ③을 노릴 여력이 없어져서 움직일 수 없게 될 가능성이 있습니다. 이와 같이 경우에 따라서는 최초의 움직임으로 ①에서 ③으로 가는 편이 더 좋은 케이스도 있습니다.

'보내기'를 하는 이유는 중간 연결 홀드가 잡기 안 좋거

나, 중간 연결 홀드를 잡고 발을 올리거나 바꿔 밟기를 하는 것이 곤란한 경우가 있기 때문입니다. 그래서 **보내기를 동일한 무브로 한 번 더 수행하는 것보다는 한 번에 좋은 홀드로 가는 것도 좋은 선택입니다.**

예를 들자면 ①은 양손으로 잡고 있는데, ① 가까이에 ①보다 안 좋은 홀드가 있더라도 ①에 손을 겹쳐 사용하는 대신 일단 오른손으로 가까이에 있는 ②를 잡은 뒤에 바로 그 앞에 있는 홀드로 오른손을 뻗는 경우도 있습니다. 이것은 손이 같은 위치에서보다 조금이라도 목표 홀드에 가까이 다가간 다음에 무브를 하는 예인데, 이렇듯 '보내기'에는 여러 가지 방법이 있습니다.

바꿔 잡기는 이론을 이해한 다음에 실전에서 재빠르게 대처하자.

클라이밍 중에는 주변에 좋은 홀드가 없어서 홀드를 바꿔 잡는 것이 쉬운 경우나, 휴식을 하거나 순서를 조절하기 위해 굳이 바꿔 잡는 경우가 있습니다. 바꿔 잡기에는 여러 종류와 이론이 있기 때문에 그것을 이해해 두면 실전에서 쉽게 대처할 수 있습니다.

기본

바꿔 잡기에서 중요한 요소는 따라오는 손을 위해 공간을 비워 두는 것입니다. 바꿔 잡기를 하기 전 단계에서는 밸런스 상태가 좋기 때문에 홀드를 잡고 있을 수 있는데, 만약 다음 손을 가져왔을 때 공간이 없거나 밸런스가 무너져서 버틸 수 없다면 되돌릴 수가 없습니다. 그렇기 때문에 처음에 홀드를 잡을 때는 예기치 못한 요소를 없애고 다음으로 올 손을 위해 가능한 한 공간을 비워 두는 것이 기본입니다.

또 한곳으로 손을 모으면 밸런스가 나빠지기 때문에, 발을 뻗거나 몸을 낮추어 **밸런스가 좋은 자세를 만든 다음에 바꿔 잡는 것도 중요합니다.**

그리고 오버행이나 루프 같은 데에서 손을 모아서 버티고 있을 때 발을 바꿔 밟게 되면 지점이 2개가 되어서 밸런스가 무너집니다. 따라서 손을 모아서 버티는 것과 발을 바꿔 밟는 행동을 동시에 하는 것은 피하는 것이 좋습니다.

공간을 비우고 | 다음 손이 따라온다. | 바꿔 잡은 뒤 고쳐 잡는다.

피아노

바꿔 잡기를 할 때 양손을 올려놓을 수 없을 정도로 폭이 좁을 경우에는 처음 홀드를 잡은 손(오른손)을 될 수 있는 한 가장자리로 가져가서 잡은 뒤, 검지손가락을 뺀 다음에 다음 손이 따라옵니다. 왼손도 검지손가락을 빼서 겹친 다음, 오른손을 뺐다면 왼손으로 홀드를 확실하게 잡습니다. 이름은 피아노를 치는 듯한 움직임에서 유래했습니다.

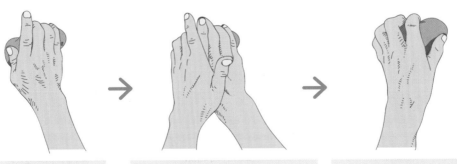

안쪽 손가락을 세운다. | 손가락을 순서대로 보내면서 바꿔 잡는다. | 남은 손은 홀드를 확실하게 잡는다.

컵

바꿔 잡기에는 손을 일자로 겹쳐서 잡는 방법뿐만이 아니라 세로 방향으로 바꿔 잡는 방법도 있습니다. 이 컵이라는 이름의 바꿔 잡기는 최초의 손(오른손)으로 홀드의 양 사이드를 손 사이에 끼우듯이 잡습니다. 이때의 손의 모양이 컵 모양의 핀치 그립이 됩니다. 따라오는 손(왼손)으로 홀드의 윗면을 잡고 처음 손을 빼면 바꿔 잡기가 완료됩니다. 이렇게 바꿔 잡는 방법은 홀드가 두께가 있고 좁은 경우에 사용합니다. 처음에 잡은 손이 홀드를 엄지손가락과 나머지 4개의 손가락으로 확실하게 잡을 수 있는지와 다음 손이 홀드의 좋은 곳을 잡을 수 있냐 없냐가 성패 요인입니다. 처음에 잡은 손이 위쪽을 잡게 되면 다음 손을 컵 모양으로 끼워넣을 수 없기 때문에 순서를 반대로 할 수는 없습니다.

처음에 잡은 손으로 컵 모양을 만든다.　　비어 있는 윗부분에 손을 겹친다.　　오른손을 빼면 완성

사이드 바이 사이드

이렇게 바꿔 잡는 방법은 볼록한 형태의 코너로 된 부분 등에서 세로 형태의 홀드를 바꿔 잡을 때에도 사용합니다.

이때 코너의 한쪽에서 반대쪽으로 한 번에 몸의 방향을 바꿔서 스윙하는 것이 비결입니다. 컵은 빠르게 이동하면서 정적인 방법으로는 바꿔 잡을 수 없는 홀드를 잡을 때도 사용할 수 있습니다.

바꿔 잡기의 적용 방법

바꿔 잡기를 확실하게 사용하고 싶어도 바꿔 잡기가 어려운 홀드에서는 정확하게 바꿔 잡으려는 것이 힘의 손실로 이어집니다. 이때 바꿔 잡기에는 다소 좋지 않더라도 그 다음 홀드가 잡기에 좋다면, 바꿔 잡은 상태가 좋지 않아도 그대로 다음 홀드로 가기 위한 데드 포인트 동작을 사용해 이동합니다.

바꿔 잡기

오른손의 홀드가 상당히 좋지 않다.　　바꿔 잡기가 완성되지 않더라도　　불안정한 상태에서 다음 홀드로 이동한다.

인상 깊은 테크니컬 무브

크로스 무브는 실제 암벽 등반에서는 많이 사용하지 않지만, 인공 루트에서는 종종 사용합니다. 크로스 무브는 진행하고 나면 돌이키는 것이 어려운 경우가 많기 때문에 이 무브를 선택하기 전에 다른 방법을 시도하거나 크로스 무브를 적용할지 말지를 잘 판단할 필요가 있습니다.

● 적용하는 경우

수평 이동 또는 사선으로 올라가는 부분에서 바꿔 잡을 수는 있지만 홀드가 별로 좋지 않을 경우에 사용합니다. 바꿔 잡기를 해서 나아가면 나쁜 홀딩을 2번 연속으로 해야만 하는 곳에서 크로스 무브를 이용해 이동하면 1번의 무브로 해결할 수 있는 경우도 있습니다.

● 시퀀스

크로스 무브에는 뻗는 손이 잡은 손의 위로 진행하는 경우와 아래로 진행하는 경우가 있습니다. 원칙적으로는 크로스를 해야 하는 홀드의 상하 위치 관계에 따라 결정되지만, 홀드가 향해 있는 방향에 의한 차이도 있기 때문에 손을 뻗기 전에 잘 생각하고 결정합니다.

크로스에서는 손을 교차한 채 체중 이동을 하거나 몸을 회전시키기 때문에 몸의 위치가 바뀔 때의 밸런스에 주의합니다. 기본적으로는 체중을 발에 확실하게 실어서 간결하게 동작을 합니다. 또 크로스 상태에서 시간을 길게 끌지 않고 될 수 있는 한 빠르게 움직이는 것도 중요합니다.

● 무브의 요소

크로스 무브는 동작의 순서를 간단하게 만들 수 있다는 장점이 있습니다. 그러나 몸이 전환된 후에는 한 손으로 긴 거리를 끌어당기는 경우가 많기 때문에 밸런스를 고려했을 때나 부상 예방을 위해서도 주의가 필요합니다.

크로스는 복합적인 순서의 무브가 동반된다.

크로스 무브는 손을 이용한 순서를 따르기 때문에 무브적으로는 카운터 밸런스나 하이스텝을 하면서 크로스를 하는 듯한 움직임입니다. 그중에서도 가장 곡예 느낌이 나는 것은 루프에서의 크로스입니다.

또 드롭니를 되받아치는 크로스는 몸을 반전시키는 움직임이 동반되기 때문에 난이도 높은 스킬이 필요합니다.

아래에서 시작하는 크로스

드롭니 무브를 이용해서 아래에서 이루어지는 크로스의 예입니다. 다음 홀드가 잡고 있는 손의 아래쪽에 위치했을 때 사용합니다. 또 위에서 크로스를 할 때는 몸이 회전하는 동작 중에 겨드랑이 사이가 벌어지기 때문에, 몸을 벽에 밀착시켜 다음 홀드로 가고 싶은 상황에도 아래로 교차하는 편이 더 효과적입니다. 즉 홀드의 위치 관계만으로 교차하는 손의 위와 아래는 결정되지 않습니다.

겨드랑이 아래로 팔을 넣는다는 느낌이기 때문에 시야가 가려진다. 그러므로 특히 발의 위치를 미리 잘 확인해 두자.

잡을 홀드의 방향에 따라 언더그립일지 오버그립일지가 결정된다.

위에서부터 시작하는 크로스

드롭니 무브를 이용해서 위에서부터 시작하는 크로스의 예입니다.

다음 홀드가 위쪽에 있을 때는 위에서부터 시작하는 크로스가 기본이 됩니다. 밑에서부터 크로스했을 경우에는 오른팔의 겨드랑이 밑으로 왼손이 들어가게 하기 때문에 오른손이 방해가 되어서 거리를 제대로 낼 수 없습니다.

그러나 몸이 전환되는 움직임에서는 밑에서부터 시작하는 것이 어깨가 벽에 가까워져서 발에 체중을 더 실을 수 있습니다. 그렇기 때문에 밸런스를 유지하기 애매모호한 경우에는 밑에서부터 시작하는 크로스를 선택하는 경우도 있습니다.

1. 크로스를 이용해서 뻗는다. 드롭니 자세에서 무게 중심을 뒤에 남긴 채로 크로스를 이용해서 다음 홀드를 잡습니다.	**2. 몸을 반대 방향으로 회전시킨다.** 양다리를 안짱다리 느낌으로 만들어서 간결하게 회전합니다. 될 수 있는 한 어깨는 벽에 갖다 댄 채 돕니다.	**3. 다음 홀드를 잡는다.** 드롭니의 미는 발과 디딤발을 반대로 한 상태가 됩니다. 어깨를 벽에 갖다 댄 채 다음 홀드를 잡습니다.

크로스로 잡는다.　　간결하게 돈다.　　다음 손을 뻗는다.

POINT 무게 중심을 내리면서 간결하게 돈다.

크로스 무브를 할 때는 손으로 아랫부분의 시야를 가리기 때문에 발 홀드가 잘 보이지 않습니다. 또 손을 크로스한 상태는 밸런스가 굉장히 안 좋은 상태이기 때문에 그때 새로운 발 홀드에 발을 뻗거나 바꿔 밟는 동작을 하는 것은 어렵습니다. 그렇기 때문에 **크로스를 하기 전에 발 홀드를 확실히 확인해 두는 것이 중요합니다.**

특히 루프에서의 크로스 무브는 한 번 발이 떨어지면 몸이 회전하게 되어서 두 번 다시 같은 상태로 돌아올 수 없기 때문에 주의가 필요합니다.

크로스는 허리가 높은 곳에 있는 자세에서 수행하면 손의 각도가 커져서 홀드를 잡기 어려워집니다. 따라서 가능한 한 허리를 내려서 무브를 수행하는 것이 홀드를 아래쪽에서 잡을 수 있고 쉽게 홀드를 놓치지 않습니다. 즉 **크로스 무브를 할 때는 무게 중심을 내려서 간결하고 재빠르게 도는 것이 성공 비결입니다.**

5 크로스 오버

덮어씌우는 듯한 큰 동작으로 멀리 있는 홀드를 잡는다.

● 적용하는 경우

먼 곳을 향한 크로스 무브에서, 홀드를 잡으러 가는 손이 홀드를 당기는 손과 반대 방향에 있는 먼 홀드를 잡으러 가는 경우에 사용합니다. 현재 홀드를 당기고 있는 손으로 비교적 잡기 좋은 홀드일 때 사용하는데 홀드가 세로로 향해 있거나 언더클링인 홀드라면 거리를 더 낼 수 있습니다.

● 시퀀스

홀드를 잡으러 가는 손이 반대 방향으로 큰 거리를 내기 때문에, 빠른 움직임을 냅니다. 그리고 무브의 기본은 드롭니 또는 몸을 비스듬히 측면으로 만든 카운터 밸런스가 됩니다. 발 홀드의 위치에 따라서는 벽과 정면을 마주하고도 가능할 때가 있습니다. 그러므로 이 무브는 몸 전체의 장력이 필요합니다.

● 무브의 요소

홀드를 끌어당기는 손은 팔로 당긴다기보다 겨드랑이를 움츠려서 몸의 트위스트를 이용하여 당기도록 하면 먼 거리에서도 몸통이 흔들리지 않습니다.

또 홀드를 잡으러 가는 손은 다음 홀드에 어깨부터 덮어씌우듯이 움직이며 홀드를 끌어당기는 손과 연동해서 몸통의 비틀기가 작용합니다.

그리고 이 무브에서 홀드를 끌어당기는 손이 언더클링일 경우, 대각선 방향으로 가장 긴 거리가 나옵니다. 그때는 손을 아랫방향으로 감으면 홀드를 잡는 힘이 상승합니다.

먼 거리의 홀드를 흔들림 없이 잡기 위해서는 겨드랑이를 움츠려서 몸 전체로 이동한다.

턱이 들리면 목이 당겨져서 거리가 나오지 않는다.

먼 거리를 가기 위해서는 마음을 확실하게 먹는 것이 중요하다.

플래깅 또는 가볍게 스미어링을 한다.

홀드를 끌어당기는 손은 트위스트의 움직임에 따라 몸 쪽으로 감는다는 느낌.

축이 되는 다리는 강하게 밟는다. 펴서 발돋움하는 경우도 있다.

허리에서 이루어지는 트위스팅을 무브의 동력으로 삼아서 홀드를 끌어당기는 손과 잡으러 가는 손이 잘 연동되게 한다.

6 손 거들기(매치)

루트 중에는 아무래도 한 손으로밖에 잡을 수 없는 홀드에서 그 다음 홀드가 먼 상황도 있습니다. 그때는 한 손으로만 잡지 말고 **될 수 있는 한 도움을 주기 위해 다른 한쪽 손을 같이 잡는 것으로 힘의 손실을 막을 수 있습니다.**

손 거들기는 다음 홀드를 잡기 바로 전까지 잡아 두는 것이 이상적입니다.

홀드를 잡고 있는 메인 손

다음 홀드로 손을 뻗기 전에 먼저 잡고 있는 손을 거들어서 자세를 안정시킨다.

7 다시 잡기

효과적인 잔기술, 잡는 방법 변경하기

홀드를 잡고 몸을 올리면 홀드를 잡는 각도가 바뀌기 때문에 홀드를 잡는 느낌이 안 좋아질 때가 있습니다. 또 몸의 높이에 따라 다르게 잡는 방법이 효과적인 경우도 있습니다. 그때는 같은 홀드를 다시 잡으면서 대처하는 것이 효과적입니다. 다시 잡기는 바꿔 잡기와

는 달리, 같은 홀드를 같은 손을 이용해서 잡는 방법을 바꾸는 것입니다.

다시 잡기에는 여러 가지 방법이 있는데 그 대표적인 예를 소개합니다.

위에서 푸시한다.

처음에는 오른손을 언더그립으로 잡지만 일정 높이로 올라간 상황에서 오른손을 푸시 자세로 바꿉니다.

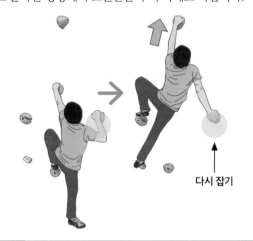

다시 잡기

언더클링으로 바꾼다.

처음에는 오른손을 언더그립으로 잡지만 몸을 올리고 나서 언더클링으로 바꾸면 거리가 나옵니다.

다시 잡기

8 여러 번 바꿔 잡기

순서를 계산해서 손을 번갈아 잡는다.

홀드 3개를 바꿔 잡는 중에 순서를 맞추고 싶을 때, 여러 번 바꿔 잡는 경우가 있습니다. ①을 오른손으로 잡고 멀리 있는 ⑤를 다시 오른손으로 잡고 싶을 때의 순서: ② 왼손 → ③ 크로스로 오른손 → ④ 왼손 → ② 오른손 → ③ 왼손 → ⑤ 오른손

펌핑의 원인

클라이밍에서는 전완에 있는, 손가락을 구부리는 근육(손가락굽힘근)을 많이 사용합니다. 그 근육은 피로해지면 비대(펌핑)해집니다. 그 이유는 근육을 움직이게 하면 에너지의 분해산물 혹은 대사물에 의해 혈장의 농도가 높아지는데, 그 농도를 옅게 하기 위해서 주변 조직으로부터 수분을 모아오기 때문입니다. 즉 근육이 물을 머금은 상태가 되는 것입니다. 따라서 펌핑은 근육의 피로 그 자체가 아니라 피로를 나타내는 지표라고 말할 수 있습니다. 어찌됐든 클라이밍 중에는 근육이 펌핑되지 않는 것이 좋습니다.

펌핑을 피하기 위해서는

운동생리학적인 관점에서 보면, 운동이란 트레이닝을 통해 쉽게 펌핑되지 않는 근육을 만드는 것이며, 그것은 트레이닝의 빈도나 부하의 크기와 관련됩니다. 기술적인 측면에서 근육이 쉽게 펌핑되지 않도록 만들기 위해서는 아래의 내용들을 생각해 봐야 합니다.

혈류의 확보
가벼운 부하가 작용했다면 근육 속의 혈류(피의 흐름)가 늘어나지만, 근력의 사용량이 50%를 넘으면 근육의 압력이 상승하여 혈관이 압박되어서 혈류가 저해되기 시작합니다.
그리고 근육이 80% 이상의 힘을 발휘하게 되면 혈액을 쥐어짜는 형태가 되고, 국소적으로 빈혈 상태가 됩니다. 특히 팔을 구부린 자세를 계속 취하면 손가락굽힘근으로 가는 혈류가 저해되기 때문에 팔을 구부린 상태에서 오래 있는 것은 피해야 합니다.

힘을 발휘하는 방법
루트를 이동할 때 국소적인 무브에 대해서는 힘을 빠르고 강하게 내거나 천천히 약하게 냅니다. 근육이 긴 시간 동안 힘을 강하게 내는 상황은 만들지 않도록 합니다.

펌핑으로 가는 5초
홀드를 잡는 데에 최대 유지력을 5초 이상 사용하면 펌핑이 한 번에 빨라집니다. 그렇기 때문에 빠르게 다음 무브로 옮기거나 바꿔 잡기를 이용해서 대응합니다.

연속적인 사용은 금지
펌핑은 손가락굽힘근의 연속적인 사용 때문에 빨라집니다. 최대 근력을 사용해서 홀드를 잡은 경우에는 8초에서 10초 정도면 펌핑이 되지만, 한 손을 몇 초씩 휴식시킨 경우에는 그 2배에서 3배 정도로 펌핑 시작 시간을 미룰 수 있습니다.

양손을 번갈아가며 바꿔 잡는 상황에서는 휴식을 하는 것이 기본입니다.

클라이밍 테크닉

1 클라이밍 자세

2 경사에 따라 오르는 방법

3 실력 향상과 심화를 위한 포인트

클라이밍 루트에서는 파트마다 홀드를 잡는 방법이나 발을 올려 두는 방법이 다르며, 그 파트에 적합한 무브를 선택하고 수행하는 것이 중요합니다. 그리고 실력 향상을 해 나가기 위해서는 무브의 완성도를 높이고 그 무브들이 부드러운 연속성을 갖게 하는 것이 중요합니다.

클라이밍 자세

루트를 오르는 데 있어서 가장 중요한 것은 어떤 무브를 사용해서 오르는가 하는 것입니다. 그러나 같은 무브를 사용하더라도 루트를 멋지게 완성하는 클라이머와 흐름이 막히는 클라이머가 있습니다. 이 차이는 무브의 완성도에 있습니다.

무브의 완성도

언뜻 보기에는 같은 홀드를 잡고 있고 같은 무브를 사용하더라도, 무게 중심 위치의 차이나 트위스팅을 하는 정도, 그리고 움직임의 타이밍이나 연결 동작의 매끄러움에 따라 완성도는 달라집니다. 이번 챕터는 클라이밍 테크닉을 요약하는 챕터로, 보다 완성도 높은 무브와 무브의 응용을 생각해 볼 것입니다.

완성도를 높이는 요소

무브의 완성도는 고정된 홀드에 대응하는 클라이머의 위치와 관계 있습니다. 홀드의 배치에 대해 보다 안정된 밸런스 상태에 있는 것이 중요합니다. 이 밸런스 상태는 홀드에 대한 클라이머의 공간적 위치 잡기의 문제인데, 구체적으로는 3차원(XYZ 방향) 속에서의 무게 중심의 위치라고 말할 수 있습니다.

또 무브를 수행하는 것은 정적인 존재로서의 무게 중심뿐만이 아니라, 몸을 이동하는 것이기 때문에 무게 중심의 이동을 동반합니다.

무게 중심의 이동은 타이밍이나 스피드가 중요하며, 대부분 몸의 회전 운동을 동반하는 경우가 많습니다. 그러므로 무브의 완성도는 무게 중심 위치와 관련된 요소 이외에도 손발의 운동이나 협응과 같은 요소에 의해 결정됩니다.

무브의 완성도

무브의 완성도는 복합적인 요소에 의해 결정되며 각각이 연관되어서 작용합니다.

무브의 이행 속도

공간적 위치 잡기
XYZ 방향의 무게 중심의 위치

무게 중심 이동
무게 중심의 이동 궤적

코디네이션
동작의 협응성·연동성

체중 이동: 상하 이동(weight shifting)
무게 중심 이동: 좌우 이동(lateral motion)
체중이 이동하더라도 무게 중심이 같이 이동하는 것은 아닙니다. 무브를 할 경우, 무게 중심의 위치를 확실하게 의식하는 것이 중요합니다.

무게 중심은 허리의 위치

사람의 무게 중심은 배꼽 근처에 있습니다. **무브를 하는 동안에는 무게 중심의 위치가 밸런스 상태의 좋고 나쁨을 결정합니다.** 사람은 몸의 좌우 위치를 의식하면서 무게 중심을 잡는데, 무게 중심은 몸의 상하와 앞뒤의 위치 잡기를 통해서도 변합니다. **또 클라이밍은 순간적인 무게 중심의 이동의 차이가 동작을 하는 데에 중요한 요소가 됩니다.**

성별과 무게 중심 위치

무게 중심의 위치는 체격에 따라 달라지는데 연령이나 성별의 차이에 따라서도 평균적인 위치에 차이가 있습니다.

일반적인 여성의 무게 중심 위치는 발바닥에서 55% 떨어진 부근이며, 남성은 56% 떨어진 부근입니다. 또 연령이 낮을수록 몸의 크기에 비해 상대적으로 머리가 크기 때문에 무게 중심의 위치도 약간 높습니다.

무게 중심의 위치에 따라서 클라이밍을 제대로 할 수도 하지 못할 수도 있기 때문에, 다른 클라이머의 무브를 관찰할 때는 허리의 위치에도 주목합시다.

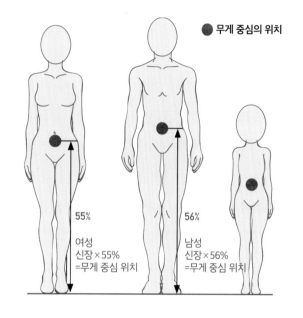

● 무게 중심의 위치

55%
여성
신장×55%
=무게 중심 위치

56%
남성
신장×56%
=무게 중심 위치

허리의 앞뒤 위치

클라이머의 무게 중심 위치는 허리의 위치로 나타납니다. 오른쪽 그림은 허리의 위치가 벽을 기준으로 앞쪽에 있을 때와 뒤쪽에 있을 때의 관계를 나타내고 있는 예입니다. 왼쪽 클라이머는 허리의 위치가 오른쪽 클라이머보다 4배나 뒤에 가 있는데, 그러므로 홀드를 끌어당기는 팔의 부담도 4배가 됩니다.

허리를 벽에 붙이면 움직임이 제한돼서 아무래도 허리를 벽에서 떼기 마련인데, 그렇다 하더라도 수직이나 오버행에서는 무브 도중에 항상 허리의 위치가 벽에 가깝게 되도록 의식하는 것이 중요합니다.

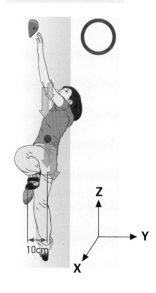

벽에서 허리가 떨어지면 손에 부담이 가해진다.

벽에 허리를 붙이면 손의 부담이 덜어진다.

40cm

10cm

Z

Y

X

허리의 좌우 위치

무게 중심의 좌우 관계에 따라 올라타기나 카운터 밸런스와 같은 무브의 정확성에 차이가 생깁니다. 이러한 내용들을 의식하지 않으면 올바른 위치에 대한 포지셔닝을 할 수가 없는데, 의식을 하면서 동작을 반복하면 자연스럽게 올바른 동작을 할 수 있게 됩니다.

올라타기를 수행할 때의 무게 중심

마음이 앞서서 발 홀드에 올라타기도 전에 손을 뻗으면 현재 홀드를 당기고 있는 손에 과도한 힘이 필요하게 됩니다.

발 홀드에 확실하게 올라탄 다음에 손을 뻗으면 홀드를 당기고 있는 손의 부담이 훨씬 줄어듭니다.

 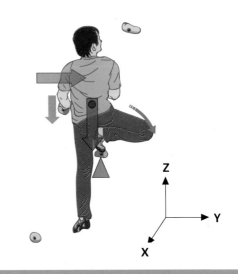

카운터 밸런스를 수행할 때의 무게 중심

평범하게 자세를 잡으면 허리가 내려간 상태에서 다음 홀드로 손을 뻗게 됩니다. 그러면 무게 중심과 다음 홀드의 Y축의 거리는 가까워지지만 손은 닿지 않습니다.

손을 뻗는 쪽과 반대 방향으로 허리를 넣으면 무게 중심과 잡으려는 홀드의 Y축 거리는 멀어지지만 받침점(홀드에 올려 둔 발)은 무게 중심에 가까워져서 밸런스 상태가 좋아지므로 손으로 다음 홀드를 잡을 수 있습니다.

허리가 내려가면 홀드를 당기는 손에 힘이 필요하다.

허리가 들어가 있으면 홀드를 당기는 손의 힘을 덜 수 있다.

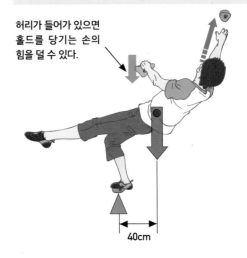

허리의 상하 위치

　허리의 앞뒤, 좌우 및 상하 포지셔닝은 **발에 얼마나 체중을 실을 수 있는가**에 영향을 미칩니다. 허리의 상하 위치 잡기는 가속도를 더해서 거리를 내는 것에도 영향을 미칩니다. 항상 허리를 내려서 동작을 시작하는 것만이 좋은 것이 아니라 다음 홀드에 가능한 한 다가간 다음에 손을 뻗는 편이 더 좋은 경우도 있기 때문에, 항상 유연하게 대응하여 가장 적합한 무브를 생각합시다.

허리 위치의 차이에 따라 발의 지지력에 차이가 납니다.

트위스트 무브에서는 허리를 내리는 편이 발에 더 강한 지지력을 얻을 수 있습니다.

허리가 높은 상태에서 동작을 수행하면 앞뒤로 차는 발의 힘이 나오지 않아서 손에 부담이 가해집니다.

먼저 몸을 가라앉힌 다음 잡는다.

크로스 무브로 다음 홀드를 잡는 예입니다.

먼저 허리를 낮춘 뒤에 발 홀드에 제대로 무게 중심을 건 다음 잡는 편이 더 안정적입니다.

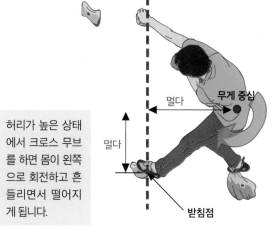

허리가 높은 상태에서 크로스 무브를 하면 몸이 왼쪽으로 회전하고 흔들리면서 떨어지게 됩니다.

언뜻 보기에는 다음 홀드가 멀어지지만 허리의 위치를 낮춘 후에 잡는 편이 더 확실하게 잡을 수 있습니다.

최적의 무게 중심 이동은 궤적을 이용해서 생각한다.

무브를 수행하면 필연적으로 몸의 무게 중심이 이동합니다. 빠른 움직임이 가능한 경우에는 무게 중심이 직선적으로 움직이는 경우도 있습니다. 하지만 **경사가 완만한 벽에서 정적인 무브로 시도할 경우에는 무게 중심이 반드시 직선적으로 움직이는 것보다는 일단 무게 중심을 낮춰서 발에 올라탄 다음에 움직이는 편이 더 좋은 경우도 있습니다.**

직선 궤적

빠른 무브를 할 수 있다면 직선 궤적을 선택하는 경우도 있습니다. 가장 좋은 무브는 힘을 **빠르고 강하게 내거나 천천히 약하게 내는 것**이며, 긴 시간에 강하게 힘을 내는 것은 피해야 합니다.

그렇기 때문에 직선 궤적으로 움직이는 경우는 빠른 움직임을 할 수 있을 만한 좋은 홀드와 다음 홀드의 위치 관계상 직선으로 이동이 가능한 경우입니다.

불안한 자세라도 스피드가 중요하다.

포물선 궤적

현재 잡고 있는 홀드가 좋지 않아서 직선적으로 끌어당길 수 없는 경우에는 일단 발 홀드에 올라타서 강한 다리 힘으로 추진력을 얻도록 하는 것이 더 좋습니다.

그럴 경우에는 어중간하게 뒷발에 체중을 남겨 놓지 말고 앞쪽 발에 체중을 확실하게 싣는 것이 기본입니다.

잡고 있기에 좋지 않은 홀드

일단 발 홀드에 올라탄다.

다리 힘을 이용해서 나아간다.

사소한 테크닉이지만 큰 효과를 낼 수 있다.

발을 이용한 무릎 넘기기를 수행하는 것과 수행하지 않는 것에는 손힘의 절약에 차이가 있으며 나아가서는 클라이밍의 성공 여부에도 큰 차이가 있습니다.

무릎 넘기기는 **움직이기 시작할 때나 벽 쪽에서 몸을 지탱할 때 사용할 수 있습니다.** 발은 클라이밍 중에 피로가 잘 쌓이지 않아서 여러 상황에서 사용할 수 있는 만능 도구입니다.

무릎 넘기기는 허리를 벽에 붙여야 비로소 효과가 있다.

무릎 넘기기는 발 홀드에 발을 올려놓고 있는 부분의 무릎을 당기듯이 하는데, 허리가 벽에서 떨어져 있는 포지션이라면 효과가 발휘되지 않습니다.

반대로 **벽에 허리를 갖다 대면 벽 쪽에서 바깥쪽에 대한 반력이 생기기 때문에 자연스럽게 무릎 넘기기가 됩니다.**

허리를 벽에 갖다 대면 무릎 넘기기를 하기 쉬운 포지션이 된다.

발로 무릎을 넘기면서 몸이 벽 쪽으로 다가가서 손의 부담이 줄어든다.

심한 오버행에서 허리를 벽에 갖다 대는 것의 의미

심한 오버행에서 허리를 벽에 갖다 대면, 받침점이 되는 발 홀드에 몸의 무게 중심이 가까워지기 때문에 손의 부담이 줄어듭니다.

이 이외에 발 홀드를 밟고 있는 발의 각도가 무릎 넘기기를 쉽게 만드는 것도 손의 힘을 줄여 줍니다.

허리가 벽에서 떨어지면 체중이 실리지 않는다.

허리를 벽에 갖다 대야 비로소 무릎 넘기기의 효과를 얻을 수 있다.

운동 사슬(키네틱(동적) 체인)

클라이밍 무브는 아무래도 손을 이용해서 끌어당기는 것에 의식이 실리는데, 실제로는 몸 전체를 이용해서 동작을 수행하는 것이 더 효율적입니다. 게다가 그 움직임을 하체에서 허리-어깨-팔이라는 순서로 수행하면 효과적인 움직임이 됩니다.

이러한 하체와 몸통을 기점으로 생겨난 에너지를 몸 **통에서 먼 쪽으로 순서대로 전달하면서 스피드를 올려 나가는 일련의 동작을 운동 사슬(키네틱 체인)이라고 합니다.**

야구의 피칭이나 테니스의 서브, 골프의 스윙 등 전신을 사용해서 강한 힘을 만들어 내는 동작은 모두 이런 일련의 동작으로 이루어져 있습니다.

스포츠와 키네틱 체인

프로야구의 투수 중에는 150km가 넘는 공을 던지는 선수도 있는데, 몸의 어느 부분을 놓고 봐도 그만한 스피드로 움직이는 부분은 없습니다. 이것을 가능하게 만드는 것은 최종적으로 스피드를 내는 부분(손-근위부)과 가장 처음에 움직이게 하는 부분(발-원위부)이 동시에 움직이는 것이 아니라, 발-무릎-허리-어깨-팔꿈치-손이라는 순서로 연쇄적으로 움직이기 때문입니다.

아래 그림의 피칭 폼과 같이 먼저 발을 앞으로 밟으면서 지면에 닿은 다음, 무릎이 앞으로 굽혀지고 이어서 허리가 회전하며 따라갑니다. 그리고 어깨의 회전-팔꿈치의 밀어냄-손목 스냅 순으로 시간적으로 엇갈리면서 채찍처럼 움직이는 가운데 100km가 넘는 스피드 볼이 만들어집니다.

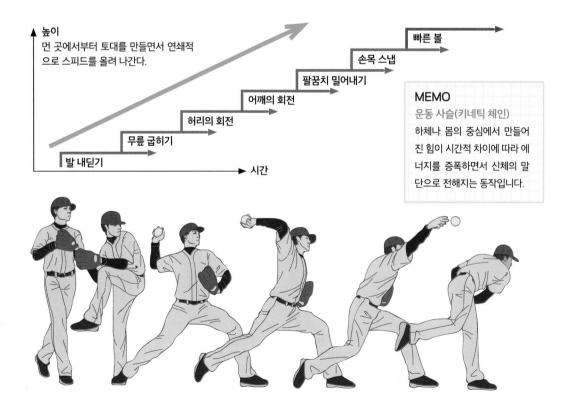

높이
먼 곳에서부터 토대를 만들면서 연쇄적으로 스피드를 올려 나간다.

발 내딛기 → 무릎 굽히기 → 허리의 회전 → 어깨의 회전 → 팔꿈치 밀어내기 → 손목 스냅 → 빠른 볼

시간

MEMO
운동 사슬(키네틱 체인)
하체나 몸의 중심에서 만들어진 힘이 시간적 차이에 따라 에너지를 증폭하면서 신체의 말단으로 전해지는 동작입니다.

원위부에서 근위부로 가는 부드러운 과정

그림은 가속도 항목에서 사용한 것인데, 이번에는 이 그림으로 키네틱 체인의 요소를 생각해 봅시다. 키네틱 체인은 가속도와 밀접한 관계가 있으며 부드러운 키네틱 체인이 몸을 밀어 올리는 가속도를 만듭니다.

키네틱 체인에서 중요한 것은 동작의 **시작**입니다. 지면에서 시작하는 다른 스포츠와는 달리 클라이밍은 홀드를 잡는 위치에서 동작이 시작하기 때문에, 큰 동작으로 시작하는 것은 불가능합니다. 그렇기 때문에 발끝으로 쓸어내는 것에서 시작해서 무릎-허리로 움직임을 전달해 나가야 합니다.

이러한 신체의 키네틱 체인을 가장 부드럽게 연결하면 불필요한 힘을 덜게 되고 닿지 않는 홀드에도 닿을 수 있는 것입니다.

자세를 잡았을 때 거리를 확실하게 잰다.
무브 중에는 턱이 들리지 않는 정도로 홀드를 본다.

발끝으로 쓸어내는 것으로 움직임을 만든다.

발로 밀어낼 수 있도록 허리를 벽에 갖다 대면서 일어선다.

가능한 한 마지막까지 양손으로 당긴다.

한 손으로는 당기면서 다른 손으로 부드럽게 홀드를 잡는다.

아무래도 홀드가 닿을 거리에 들어오면 손을 뻗고 싶게 되지만 많은 힘을 줘서 생기는 피로나 몸의 흔들림을 생각한다면 가능한 한 양손으로 당기는 시간을 길게 갖도록 한다. 홀드는 여유를 가지고 잡아야 하는 형태도 있기 때문에 부드럽게 누르면서 잡는 것이 이상적이다.

이 무브의 핵심은 하체의 힘을 얼마나 무브에 활용할 수 있느냐입니다.

몸의 회전으로 만들어 내는 끌어당기는 힘

심한 오버행에서 아래의 왼쪽 그림처럼, 그대로 끌어당겨서 홀드를 잡으러 가면 상당한 힘이 필요합니다. 그에 비해 오른쪽 그림처럼 몸의 회전(트위스트)을 이용해서 왼손을 뻗으면 끌어당기는 힘이 부족하더라도 홀드에 손이 닿게 할 수 있습니다. 이렇게 **클라이밍에서는 트위스트를 통해 상당히 유용한 힘을 얻을 수 있습니다.**

트위스트는 주로 허리의 회전을 이용해서 수행하는 데 **몸통의 근력이 상대적으로 약한 사람은 이 트위스트의 활용이 효과적입니다.** 또 리드 클라이밍처럼 긴 시간 동안 올라갈 때, 홀드를 끌어당기기 위해 사용하는 팔의 구부림은 혈류를 저해해서 손가락굽힘근을 빠르게 피로하게 만듭니다. 따라서 가능한 한 트위스팅 무브를 이용해서 팔을 이완시키면서 오르는 것이 중요합니다.

홀드를 끌어당기면서 잡는다.
홀드를 끌어당기는 것에만 의지하면 큰 힘이 필요합니다.

트위스팅을 이용해서 잡는다.
팔을 몸 쪽으로 감듯이 트위스트를 이용해서 당기면 몸이 쉽게 올라갑니다.

키네틱 체인과 트위스팅을 합친 기술

트위스팅을 키네틱 체인의 움직임을 이용해서 수행하면 홀드를 끌어당기는 힘을 가장 강하게 얻을 수 있습니다.

발끝으로 비틀면서 동작을 시작한다.

왼쪽 무릎을 안쪽으로 회전시키면서 트위스트를 시작한다.

트위스트를 허리로 전달하면서 양손을 당긴다. 몸의 왼쪽은 회전의 영향으로 측면 자세가 되면서 벽에 가까워진다.

될 수 있는 한 홀드를 끝까지 양손으로 당긴다. 최종적으로는 한쪽 팔을 뻗는데, 거리에 맞춰서 몸을 뻗거나 작게 뛰는 경우도 있다.

무브의 시작 동작을 만들어 내는 움직임

클라이밍은 벽에 몸을 고정한 상태에서 시작 동작을 만들기 때문에 움직임이 꽤 한정적입니다. 야구의 피칭처럼 발을 내딛거나 테니스나 골프의 스윙처럼 뒤로 테이크백(반동을 붙이기 위해 팔을 뒤로 당기는 동작)을 하는 식의 큰 동작은 할 수 없는 것이 보통입니다.

키네틱 체인의 성립 요소로 보면 그 동작들은 몸의 원위부에서 시작합니다. 클라이밍에서는 이것이 발끝에 해당합니다. 그러니 발끝에 있는 엄지발가락이나 새끼발가락, 즉 홀드에 걸친 발끝을 안쪽 또는 바깥쪽으로 턴하는 곳에서부터 동작이 시작하는 것입니다.

발끝의 바깥쪽 회전의 예

벽을 정면으로 마주한 형태에서 양손과 양발로 홀드를 잡습니다. 오른발의 인사이드로 홀드를 밟고 왼발은 홀드를 밟거나 가볍게 벽에 갖다 댑니다.

오른발의 발끝을 중심으로 오른발의 발뒤꿈치를 바깥쪽으로 회전합니다. 이때 오른쪽 무릎도 드롭니처럼 약간 내리면서 안쪽으로 회전합니다.

그리고 그 순간 오른손을 보내서 오른쪽 홀드를 잡으러 가는데, 왼손은 어떠한 끌어당기기 동작도 하지 않는데도 몸이 오른쪽으로 이동하게 됩니다.

이것은 발목의 회전하는 에너지만으로 몸 전체가 이동하는 힘을 낸다는 것을 나타냅니다. 즉 발끝을 중심으로 발을 약간 비트는 것만으로도 큰 동작을 수행할 수 있는 것입니다. 그래서 이 동작을 무브의 시작 동작으로 활용하는 것입니다.

이 발끝에서 시작되는 동작은 바깥쪽으로도 안쪽으로도 대응할 수 있기 때문에 클라이머가 펼치려는 무브에 맞춰서 쓰면 됩니다.

무브는 원위부부터 움직이기 시작하는 것이 정석입니다.

chapter 4-2 경사에 따라 오르는 방법

클라이밍의 무브는 각양각색입니다. 하나의 루트를 오르기 위해서는 여러 개의 무브를 조합해 나가야 합니다. 때로는 무브를 다양하게 변화시켜서 다양한 경사와 형태로 되어 있는 루트에 대응해 나가야 합니다. 그러나 벽의 경사에 따라서는 특정 무브가 사용되는 경향도 있습니다.

1 수직벽

클라이밍의 기본은 수직벽, 모든 것은 여기에서 시작되었다.

클라이밍에서는 수직벽이 기본인데, 77p의 예와 같이 벽이 수직인 경우에는 몸의 무게 중심이 이미 몸이 떨어지는 방향으로 기울어져 있습니다. 그렇기 때문에 잘 걸리지 않은 홀드나 올려놓기 어려운 발 홀드가 계속되면 피로해집니다. 무브는 기본적으로 정면을 마주한 상태에서 하는 경우가 많고, 드물게 아웃사이드로 올라타거나 드롭니를 하는 경우가 있지만 몸을 크게 움직이는 무브를 사용하는 경우는 그다지 없습니다.

클라이밍의 등급이 높아지면 잡고 있는 홀드의 상태가 안 좋아지기 때문에 발의 쓸어내기를 활용한 클라이밍이 필요해집니다. 또 무게 중심의 이동이 무브의 좋고 나쁨을 결정하는 중요한 요소가 됩니다.

2 슬랩

심리적인 요소도 높은 슬랩 클라이밍

대부분의 동작이 정면을 마주보며 이루어지고 많은 발 홀드는 인사이드로 올려놓게 됩니다. 하지만 루트가 어려워지면 발 홀드가 안 좋아지기 때문에 많은 발 기술은 스미어링 혹은 스멧징이 됩니다.

게다가 손 홀드가 안 좋아지면 발을 올리는 동작이 힘들어집니다. 이때는 홀드에 올리는 발과 반대쪽 발에 얼마나 무게 중심을 놓는지가 열쇠가 됩니다. 될 수 있는 한 홀드에 올라타 있는 발에 체중 이동을 해서 올리는 발의 체중을 줄여 줍니다. 또 발 홀드가 아닌 부분을 중간 연결 동작으로 스미어링하면서 이동하는 방법도 있습니다.

발 홀드에는 체중을 실으면 신는 만큼 마찰이 높아집니다. 최종적으로 테크닉보다도 **발이 미끄러지지 않을 거라고 믿는 심리적 요소가 효과가 있는 경우도 있습니다.**

3 오버행

가장 다양한 무브를 시험해 볼 수 있는 필드

오버행은 사용할 수 있는 무브의 종류가 많은 만큼 클라이머의 경험이나 실력, 기술을 시험할 수 있는 경사입니다. **근육의 힘을 절약하기 위해서는 최적의 밸런스 상태를 만들고 강하게 밀어서 힘을 빠르고 강하게 내거나, 테크니컬한 무브를 만들어서 힘을 천천히 약하게 냅니다.**

그러나 잘못된 무브를 선택하면 힘을 강하고 긴 시간 동안 내게 됩니다. 또 같은 자세인 채로 최대 근력을 5초 이상 내면 근육 피로가 빨리 오게 됩니다. 그렇기 때문에 홀드를 양손으로 잡고 있는 단계에서 최적의 무브 또는 대응 방법을 결정한 후 **한 손으로** 자세를 유지하는 시간을 가능한 한 짧게 만들어야 합니다.

무브 선택은 대부분이 발 홀드의 위치 관계로 결정됩니다. 그렇기 때문에 발 홀드의 위치를 확실하게 판단할 필요가 있습니다.

오버행에서의 경사도가 높아짐에 따라 훅 이외에 정면을 마주보고 하는 무브가 어려워지지만 다른 방향을 마주보고 하는 종류의 무브(예: 개스통)는 트위스트를 수행하기 쉬운 만큼 대응하는 힘이 있습니다.

정면을 마주보고 하는 무브라도 가능한 한 트위스팅을 사용하면 끌어당기는 힘을 서포트해서 벽으로부터 몸이 쉽게 멀어지지 않을 수 있습니다.

몸을 고정시키는 동작에서도 효과적인 트위스트

클라이밍 도중에는 종종 팔을 끝까지 당겨서 고정시키는 락킹 동작이 효과적입니다. 락킹을 해서 겨드랑이를 좁히면 몸이 흔들리는 모멘트가 적어지기 때문입니다. 락킹 동작을 할 때는 단순히 끝까지 당기는 것이 아니라 끝까지 당긴 다음에 다시 몸 전체로 트위스트를 해야(트위스트 락킹) 락킹 동작이 보다 완전해집니다.

개스통을 이용해서 끌어당기는 예(위에서 바라본 그림)
위쪽 그림은 그냥 단순하게 당기고 있기 때문에 힘이 필요하지만, 아래쪽 그림은 팔을 몸 쪽으로 당기듯이 트위스팅을 하고 있기 때문에 힘을 절약할 수 있습니다.

손만으로 당기면 겨드랑이가 벌어져서 힘이 필요하다.

힘으로 당긴다.

가슴을 붙이듯이 트위스팅한다.

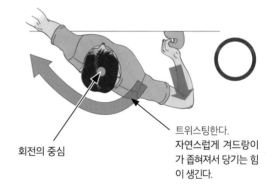

회전의 중심

트위스팅한다.
자연스럽게 겨드랑이가 좁혀져서 당기는 힘이 생긴다.

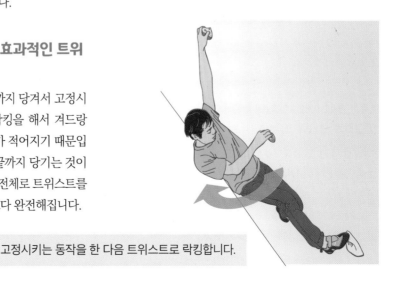

고정시키는 동작을 한 다음 트위스트로 락킹합니다.

피지컬이 기본

루프에서는 무브가 정해지지 않으면 순식간에 힘을 소모하기 때문에 보다 빠른 판단과 테크니컬한 기술이 필요합니다.

또 루프를 무사히 넘어가기 위해서는 홀드를 잡는 강한 힘과 끌어당기는 힘이 필요한데, **이를 위해서는 복**근과 등 근육 같은, 무브를 수행할 때 몸의 자세를 안정시킬 수 있는 근력이 필요합니다. 반대로 말하자면 안정근들이 약하면 루프를 오르는 것은 어렵다고 말할 수 있습니다.

몸의 안정과 불안정은 홀드를 잡고 있는 손의 부하로 알 수 있다.

루프에서는 잘못된 무브나 밸런스가 안 좋은 무브를 하면 힘이 한 번에 소모되거나 몸이 떨어지게 됩니다. 그것을 최대한 피하기 위해서는 홀드를 양손으로 잡고 있는 상태에서 무브로 밸런스를 만들어서 홀드를 잡고 있는 손에 가해지는 부하를 살펴봅니다. 홀드를 잡고 있는 손에 아직 몸이 회전하는 듯한 부하가 가해지고 있다는 것은 무브가 불완전하다는 것이기 때문에, 다음 홀드를 잡으러 가더라도 상당한 운에 맡기는 무브가 되거나 떨어지게 됩니다.

그러므로 몸의 무게 중심을 잡거나 다리의 플래깅으로 방향을 바꿔서 홀드를 잡고 있는 손의 회전 모멘트 부하를 느끼지 않게 한 다음에 무브를 수행합니다.

홀드를 잡고 있는 손 →

홀드를 잡고 있는 손 →

허리를 깊게 넣지 않아 오른손을 떼면 몸이 회전하게 된다.

허리가 잘 들어가 있기 때문에 오른손을 안정적으로 뻗을 수 있다.

스윙 무브는 다시 앞으로 돌아간다.

루프에서는 홀드에서 발이 떨어지는 것을 될 수 있는 한 피해야 합니다. 하지만 도저히 피할 수 없는 케이스도 있습니다. 만약 발이 떨어져서 몸이 스윙하게 되었을 때, 당황해서 급하게 발 홀드에 발을 되돌리려고 하면 큰 힘이 필요합니다.

몸이 스윙했을 경우, **다리는 진자 운동을 하기 때문에 그 흔들림에 의해 자연스럽게 발 홀드에 가깝게 되돌아갑니다.** 그때 타이밍을 맞춰 발을 돌려놓으면 됩니다.

루프의 가장자리

루프 가장자리에서 무브를 수행할 때, 사용할 수 있는 발 홀드가 없는 경우가 자주 있습니다. 발 홀드가 적절하지 않은데 여전히 발을 앞쪽에 남겨 두려고 하면 진자의 에너지 보존 법칙에 의해 상체 쪽이 바깥쪽으로 회전하게 됩니다. 이 경우에는 의도적으로 발끝부터 바깥쪽으로 내미는 것처럼, 즉 몸이 젖혀지는 듯한 느낌으로 흔들리는 자세를 만들면 홀드를 잡고 있는 손의 각도가 깊은 상태가 되어서 홀드를 잡고 있기가 쉬워집니다.

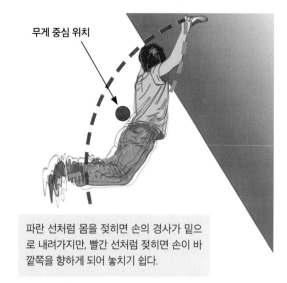

무게 중심 위치

파란 선처럼 몸을 젖히면 손의 경사가 밑으로 내려가지만, 빨간 선처럼 젖히면 손이 바깥쪽을 향하게 되어 놓치기 쉽다.

루프에서의 정석

루프에서는 효과적인 무브를 하지 않는 한, 손에 가해지는 부담은 체중과 같은 양이 됩니다. 이는 즉 홀드를 잡으러 가는 손을 뗄 때에 홀드를 잡고 있는 손에 체중만큼의 하중이 가해진다는 얘기입니다. 그렇기 때문에 밸런스가 무너지면 돌이킬 수가 없습니다. 따라서 **루프에서는 발을 이용한 지지를 확실하게 얻을 수 있는 무브를 선택하는 것이 중요합니다.**

또 바꿔 잡기는 두 손 모두 불안정해지기 때문에 반드시 양발이 안정된 자세에서 수행해야 합니다. 그리고 크로스 무브를 하다가 발이 떨어지면 몸이 회전해서 원래대로 돌아오기 어렵기 때문에 가능한 한 **크로스는 피하는 것이 중요합니다.**

루프이기에 가능한 무브도 있다.

루프에서는 위아래의 경사 차이가 거의 없기 때문에 경우에 따라서는 머리보다 발을 먼저 움직이는 무브를 사용하는 경우도 있습니다.

클라이밍 대회에서는 루트가 심한 경사 혹은 루프로 설정되는 경우도 자주 있는데, 루트 세터는 보다 어려운 루트를 만들기 위해 홀드의 숫자도 극단적으로 적게 만듭니다. 그러한 가운데에서도 최소한의 홀드는 남아 있는데, 루프에서 사용하는 홀드는 대개 두께가 있는 것들입니다. 그렇기 때문에 모든 무브의 사용 가능성을 제한하더라도 홀드를 발로 사이에 끼거나 누르거나 하는 훅킹 종류의 무브는 사용할 수 있는 가능성이 있습니다.

루프이기 때문에 할 수 있는 발이 먼저 움직이는 무브

chapter 4-3 실력 향상과 심화를 위한 포인트

I 적절한 클라이밍 스타일의 적용

테크니컬한 처리와 심플한 처리

클라이밍을 잘한다는 것은 세부적으로 보면 홀드를 잡거나 발을 올려놓는 방법, 각각의 무브를 수행할 때의 밸런스 조절과 움직이는 타이밍의 완성도에 의해 결정됩니다. 연속된 무브를 연결하는 방법도 클라이밍의 핵심 중 하나입니다.

한편 경사가 없는 슬랩에서는 한 손, 한 손 밸런스를 잡으면서 움직이는 것이 일반적이지만 오버행이나 루프에서는 무브를 연속해서 수행하면서 하나의 부드러운 흐름을 만드는 경우도 자주 있습니다.

또 무브는 각각의 움직임을 완벽하게 해내는 것이 중요한데, 그러한 무브들을 부드럽게 연결해서 처리하는 경우도 있습니다.

예를 들면 하이스텝에서 일어설 때의 기본은 한 번 높은 쪽에 있는 발에 체중을 확실하게 실은 다음에 밸런스 상태를 유지하면서 천천히 다음 홀드로 손을 뻗는 것입니다. 발 홀드에 올라타지 않은 채로 성급하게 손을 뻗으면 홀드를 당기고 있는 손에 불필요한 힘이 요구됩니다.

그러나 다른 한편으로는 몸을 발 홀드 방향으로 스윙하면서 바로 다음 홀드를 잡으러 가는 방법도 있습니다. 허리를 깊게 낮추면 거기에서 일어서기 위해 일단 움직임이 끊어지기 때문에, 다음 시작 동작을 위한 에너지가 필요합니다. 그런 점에서 일단 오른쪽으로 몸을 스윙시켜 **일시적으로 무게 중심 이동을 한 다음, 밸런스를 조절하면서 직선으로 움직이면 시작 동작에 드는 에너지를 줄일 수 있습니다.**

클라이밍의 두 형태

일반적인 하이스텝
오른발에 확실하게 올라탄 다음에 오른손으로 홀드를 잡고 일어선다.

한 번에 무브를 해내면 이만큼의 에너지를 덜 수 있다.

동적 하이스텝
오른쪽으로 체중을 이동시키면서 빠른 속도를 이용해서 다음 홀드를 잡는다.

클라이밍 능력 향상을 위한 몇 가지 요소

클라이밍 실력의 향상과 심화는 아래에 적힌 것처럼 홀드를 잡는다는 세부적인 것부터 무브의 흐름에 이르는 루트 클라이밍의 전반적인 내용과 관련이 있습니다. 그러한 **요소들은 서로 연관되어 같이 발전해 나**가면서 보다 높은 수준의 클라이밍을 할 수 있는 조건 **이 맞춰집니다.** 이런 기술적 요소에 홀드를 잡는 힘이나 끌어당기는 힘, 자세를 안정시키는 근육들 같은 피지컬적인 요소의 향상이 더해지면서 클라이밍 능력이 향상됩니다.

테크니컬적인 능력

각 파트의 구성

홀드를 잡는 방법
발을 올려놓는 방법

홀드의 배치에 대한 가장 적합한 무브 선택

클라이밍 심화의 요소

무브의 심화와 응용력

각각의 무브를 이은 부드러운 흐름

피지컬적인 능력

홀드를 잡는 힘

몸을 끌어 올리는 힘

자세를 안정시키는 힘

클라이밍의 세 가지 핵심 전략

테크니컬하게 대응한다.

힘을 가장 사용하지 않는 기교적인 방법. 부드럽게 대응할 수 있다면 이 방법보다 좋은 것은 없습니다.

심플하게 대응한다.

힘을 넣을 때의 기본은 '힘을 길고 약하고 테크니컬하게' 혹은 '힘을 강하고 짧고 심플하게'이며, 최적화된 단순한 동작은 항상 이 두 선택지 중 하나입니다.

강하게 밀면서 대응한다.

망설이다가 힘을 소모하기보다는 동적인 움직임으로 해결하는 편이 더 좋은 결과를 낼 수 있는 경우도 있습니다.

3 코디네이션

조절 기능이 실력 향상의 포인트

클라이밍의 실력 향상에서 중요한 포인트는 '무게 중심 위치', '무게 중심 이동', '키네틱 체인', '벽쪽으로 체중을 기울이기' 등, **클라이밍을 잘하고 못하고와 관련된 기술을 마스터하면서 그러한 요소들을 모두 조절 및 연동시켜서 발휘하는 것에 있습니다.**

이 요소를 **코디네이션 능력**이라고 하며, 이것은 다양한 동작이나 반응을 연동시키는 행위입니다. 이 운동 능력은 독일의 스포츠 운동학자가 고안한 것으로 일곱 개의 능력으로 분류되어 있습니다. 이것을 클라이밍 기술적으로 분류하면 다음과 같습니다.

클라이밍 무브와 코디네이션 능력

● **리듬 능력** 움직이는 타이밍을 잡는다.
무브의 시작 동작을 할 때 무리한 힘을 사용하지 않은 타이밍에 수행할 수 있는 능력.

● **교환 능력** 상황에 맞춰서 동작을 변경한다.
현재 잡고 있는 홀드가 이상적인 형상이 아니거나 무브가 맞지 않을 때 곧바로 수정 대응을 할 수 있는 능력.

● **연결 능력** 몸 전체를 부드럽게 움직인다.
무브를 연쇄적으로 수행하면서 하나의 무브에서 다른 무브로 부드럽게 넘어갈 수 있는 능력.

● **식별 능력** 체감과 시각과의 차이를 미세하게 조절한다.
사전에 관찰해 둔 홀드에 대해 올바르게 무브를 실행하는 능력. 다이내믹한 무브에서 정확한 거리감을 잡는 능력.

● **밸런스 능력** 자세를 바로잡는 감각
자세가 무너지지 않도록 움직이는 능력. 자세가 무너져도 좋은 밸런스가 되도록 수정할 수 있는 능력.

● **반응 능력** 신호에 빠르게 반응해서 적절하게 대응한다.
루트를 오르면서 홀드의 간격이나 질감에 바로 대응하거나 시야에 들어온 홀드에 대해 즉각 대응하는 능력.

● **정립 능력** 주위의 거리감과 공간 파악 능력
빠른 움직임 속에서 홀드 사이의 거리를 정확하게 파악하거나 루프에서 몸을 올바른 위치로 전환할 수 있는 능력.

클라이밍은 홀드(고정물)에 몸을 맞추어 나가는 스포츠인데 고난이도의 루트일수록 나아가기 어려운 루트에 대응해야 하기 때문에 다양한 무브를 습득한 다음에 그것들을 잘 조절해서 종합적으로 활용하는 능력이 필요합니다.

160

클라이밍 실력 향상을 향해

클라이밍 실력 향상에는 연령, 성별, 연습 빈도, 클라이밍의 내용, 환경 등이 관련되어 있습니다. 각자 처한 입장이나 조건이 다르기 때문에 일괄적으로 어떠한 방법이 좋다고는 말할 수 없지만, **각자의 환경 속에서 가장 좋은 방법을 취하는 것**이 올바른 길입니다.

연령

개요	최적화
클라이밍을 시작하는 연령은 낮을수록 향상되는 스피드와 최종적인 실력 향상의 가능성이 높아집니다.	어느 연령부터 시작하더라도 10년 동안은 능력이 계속 향상되며, 그 이후의 10년 동안은 능력을 유지할 수 있습니다. 10대 전반까지는 무의식적으로 오르더라도 몸이 반응해서 실력이 향상되기 때문에 새로운 스킬을 익히는 것만으로도 실력이 향상됩니다. 10대 후반부터는 습득하지 않은 테크닉을 상세하게 분석 및 이해하는 것으로 기술 향상을 도모할 수 있습니다.

성별

개요	최적화
클라이밍 능력은 체형이나 리치에도 영향을 받습니다. 하지만 성별의 차이는 트레이닝으로도 보완할 수 있습니다.	10대 전반까지는 성별의 차이에 따른 능력 차가 생길 일이 없습니다. 그러나 그 이후에는 같은 중량의 트레이닝을 하더라도 남성이 근육의 성장 호르몬이 활발하기 때문에 근력이 빠르게 향상됩니다. 그러나 같은 근육량일 경우에는 근출력에서 성별의 차이가 없다고 여겨지고 있습니다. 또 남녀 각각 체형에 맞춘 무브도 있습니다.

환경

개요	최적화
클라이밍의 실력 향상은 클라이밍을 하는 빈도나 시간에 비례하지만 최적화를 해나가면 격차를 보완할 수 있습니다. 	클라이밍 실력이 어느 정도 향상된 상황에서 일주일에 2번 이상 오르지 않으면 실력이 향상되지 않고 정체되거나 떨어지게 됩니다. 그러나 최적화된 클라이밍을 매주 2회, 2시간씩 계속하면 실력이 향상되는 방향으로 가게 됩니다.

그 외에 고려해야 하는 조건

- **영양** : 운동 후 피로를 해소하는 탄수화물, 근육을 회복시켜 주는 단백질을 적절하게 섭취합니다.
- **근력** : 클라이밍을 할 수 없는 날들이 많은 경우에는 근육 자극과 증강을 위해 손가락 턱걸이 등을 합니다.
- **유연성** : 넓은 가동 범위는 큰 이점이 되기 때문에 시간이 날 때 틈틈이 스트레칭을 합니다.
- **기술** : 문헌이나 다른 사람의 클라이밍을 보면서 연구하는 것을 통해 실력 향상이 빨라지며 시간을 효과적으로 사용할 수 있습니다.
- **시간** : 시간이 적다고 해도 목적을 확실하게 잡아서 연습한다면 시간을 효과적으로 사용할 수 있습니다. 워밍업을 한 다음 어려운 루트를 일정한 시간마다 연속으로 시도하면 기술 향상과 동시에 지구력을 기를 수 있습니다.

색인

스포츠 클라이밍 실전 교과서

초판 인쇄일 2022년 2월 21일
초판 발행일 2022년 2월 28일
2쇄 발행일 2022년 10월 11일

지은이 히가시 히데키
감수 김인경
번역 허성재
발행인 박정모
등록번호 제9-295호
발행처 도서출판 혜지원
주소 (10881) 경기도 파주시 회동길 445-4(문발동 638) 302호
전화 031) 955-9221~5 팩스 031) 955-9220
홈페이지 www.hyejiwon.co.kr

기획 박혜지
진행 박혜지, 김태호, 박주미
디자인 김보리, 조수안
영업마케팅 김준범, 서지영
ISBN 979-11-6764-010-9
정가 16,000원

* 이 책에 도움을 주신 국민대학교 운동역학 전공 교수 이기광 님, 피트니스컨설팅 ㈜휼 대표 어중선 님, 서울볼더스컴퍼니 관계자 분들께 감사드립니다.

SPORTS CLIMBING KYOHON
Copyright © Hideki Higashi, 2017
All rights reserved.

No part of this book may be used or reproduced in any manner whatsoever without written permission
except in the case of brief quotations embodied in critical articles and reviews.

Originally published in Japan by Yama-Kei Publishers Co., Ltd.
Korean Translation Copyright © 2022 by Hyejiwon
Korean edition is published by arrangement with Yama-Kei Publishers Co., Ltd. through BC Agency.

이 책의 한국어판 저작권은 BC에이전시를 통해 저작권자와 독점 계약을 맺은 혜지원에 있습니다.
저작권법에 의해 한국 내에서 보호를 받는 저작물이므로 무단전재와 복제를 금합니다.